国企改革

张思平◎著

中信出版集团 | 北京

图书在版编目（CIP）数据

国企改革 / 张思平著 . -- 北京 : 中信出版社，2021.5

ISBN 978-7-5217-1225-4

Ⅰ . ①国… Ⅱ . ①张… Ⅲ . ①国企改革—研究—中国 Ⅳ . ① F279.21

中国版本图书馆 CIP 数据核字（2019）第 256699 号

国企改革

著　　者：张思平
出版发行：中信出版集团股份有限公司
（北京市朝阳区惠新东街甲 4 号富盛大厦 2 座　邮编　100029）
承 印 者：北京诚信伟业印刷有限公司

开　　本：880mm × 1230mm　1/32　　印　　张：8.75　　字　　数：240 千字
版　　次：2021 年 5 月第 1 版　　印　　次：2021 年 5 月第 1 次印刷
书　　号：ISBN 978-7-5217-1225-4
定　　价：58.00 元

前言

十八届三中全会通过的《中共中央关于全面深化改革若干重大问题的决定》，对新一轮国有企业改革做出了总体规划和顶层设计，为国有企业改革绘出了一幅宏伟的蓝图。在顶层设计中，中央做出了发展混合所有制、实现国有资产管理从管资产向管资本转变、继续坚持政资分开、政企分开等一系列重大改革决策。对此，全国上下欢欣鼓舞，对新一轮国企改革充满无限的期待。随后几年，国家有关方面也相继出台了《关于深化国有企业改革的指导意见》《关于国有企业功能界定与分类的指导意见》等“1+N”个文件，并在国有企业改革的一些具体操作层面有所进展。

改革开放以来，国企改革作为经济体制改革的重点和中心环节，经过几十年的探索，全国上下、体制内外对国企改革的基本方向和目标等一些基本问题，在理论上已经达成共识，国有企业改革和发展在实践中取得了很大成绩。国企改革如能坚持既定的方向和目标，按照《中共中央关于全面深化改革若干重大问题的决定》提出的要求进一步深化和完善，国有企业的改革和发展将会逐步达到目标，为国家的改革和发展做出更大的贡献。

但是，由于种种原因，近年来国企改革中的一些共识被打破，已确定的改革方向和目标有些扭曲，原本认为已经解决的一些基本问题又变成了当前需要讨论的问题，这迫使我们重新思考和讨论国企改革中的一些方向性、理论性的问题。

深圳作为改革开放的经济特区，多年来在国有企业改革方面进行了大量的探索，在一些领域为全国提供了宝贵的经验。深圳的国有企业在体制、机制、效益等方面均处于全国领先地位，受到了国务院国资委的充分肯定。本人有幸参与了深圳国有企业改革20多年的全过程，尤其是在2003—2010年主导和推动实施了深圳市国有企业的企业改制、布局调整、机制转换、资本重组、做强做优做大一批产业集团以及党政机关所办企业划转等一系列改革，既有成功的经验，也有失败的教训；既有胜利和喜悦，也有挫折和苦恼；既有实践的探索，也有理论的思考。在本书中，我把过去深圳国有企业改革的经验进行了总结，并对当前国有企业改革的一些重大问题进行了较为详尽的讨论，提出了一些意见和建议，不妥之处，请大家批评。

本书萌生于2015年我执笔的《对深圳改革开放重大战略问题的建议》，当时报告中关于国企改革的批评建议引起媒体及社会各界的积极反响，随后几年在深圳、上海、北京、三亚的一些论坛上，以及接受媒体的采访中，我进一步阐释了这些观点，非常感谢听众和媒体的积极反馈。我身边还有不少朋友认为当前出版这样一本书很有意义，给了我许多鼓励。

本书得以付梓与各位读者见面，离不开深圳创新发展研究院唐惠建同志、程颖博同志的统筹协调和向异同志的统稿工作，在此一并致以诚挚的谢意！

目 录

思考篇

改革政府配置资源方式，发挥市场决定性作用[①]

在计划经济条件下，政府掌握着经济社会发展的资源，国有企业是政府部门的附属物。政府通过对国有企业配置各种资源，实现经济社会发展目标。在这种体制下，国企本质上是政府配置资源的载体，不可能成为市场竞争的主体。国内外几十年计划经济的实践证明，在计划经济条件下，政府通过国企作为配置资源的载体的资源配置方式是低效的。

改革开放40年来，随着我国社会主义市场经济体制的建立和逐步完善，政府对经济的管制逐步放松，政府掌握的资源配置的权力结构也在不断变化。一方面，与传统计划经济体制相比，政府直接分配资金、劳动力、生产资料等生产要素的权力不断缩小，资源配置的市场化程度不断提高，市场在配置资源中的作用不断加大，与此相适应，国有企业也逐渐成为市场经济的主体，国有企业作为政府直接配置生产要素资源的载体作用也在弱化。另一方面，在社会主义市场经济体制建立过程中，

① 本文是作者2018年9月15日在第三届野三坡中国经济论坛上的演讲全文。

虽然政府直接掌握并通过国有企业这个平台直接或间接配置的生产资料、消费资源、劳动力等直接要素减少了，但政府权力结构和资源结构也随之变化。实际上，政府在经济发展过程中掌握的配置资源的权力和影响力并没有缩小，国有企业作为政府配置资源的工具的作用，以及政府通过资源配置对国有企业产生的影响反而强化了。

一、政府掌握哪些资源

现阶段政府掌握的对经济发展具有重要影响的行政资源、经济资源、自然资源和社会资源等，除了极少数通过市场机制配置外，绝大多数直接或间接通过国有企业这个载体与平台进行配置。

具体来说，从对国有企业经营发展有重要影响的角度来看，政府掌握的资源大体上可分为以下七类。

（一）具有网络性质的自然垄断资源

主要包括路网、供水网、电网、管网、信息网、频谱等。这些垄断资源基本上由政府直接无偿用行政手段分配给国有企业，从而使国有企业处于独家垄断或寡头垄断地位，产生巨大的垄断利润，这些具有自然垄断性质的国有企业形成的超额垄断利润，构成了国有企业尤其是中央企业利润总额的相当大比例。更为突出的是，这些国有企业不仅占据了某些自然垄断行业，而且利用其垄断地位，将上下游产业链的关联产业、关联企业结合在一起，形成纵向和横向高度一体化的垄断大企业集团。

（二）以土地开发利用为主体的自然资源

自然资源基本上属于国家所有，各级政府处于垄断地位。在计划经济条件下，土地为国家所有，国有企业利用的土地基本上是行政划拨，没有价格和价值，不反映企业的成本和效率，并且在土地利用数量方面基本上是充足的。即使在 20 世纪 90 年代以前，个别通过协议价格转让的土地，由于房地产价格很低，仅收取了有限的费用，对企业经营发展的影响也有限。随着房地产价格的暴涨，土地成为影响企业发展、增加政府收入和促进地方经济增长的最重要的资源与要素。与使用权有关的一系列土地出让的数量、方式、价格，以及土地和城市规划确定、功能调整、容积率变化等都成了影响企业发展的必要因素，成为政府手中掌握的最重要的经济资源。这些年来，各级政府除对部分与房地产开发和产业发展有关的土地资源利用市场机制采取招拍挂的方式外，对多数国有土地资源都以行政划拨或协议转让方式配置给了国有企业，从而使国有企业分享了土地和房地产价格暴涨的红利。这些土地资源成为国有企业资产总额的重要组成部分和国有企业利润的主要来源。除土地资源外，石油、天然气、水资源等各类自然资源，绝大多数也是由政府以行政手段方式配置给国有企业的，只是近几年才开始征收少数的资源使用费或资源税。随着我国经济规模的扩大和人民消费水平的提高，这些资源类的国有企业也逐步成为国有资本和国有企业利润的重要组成部分。

（三）与市场准入有关的重要行业的特许经营权

政府掌握的特许经营权，既包括一些特殊行业的经营牌照，又包括与特许经营资格、经营范围有关的行业资质，还包括准入资格在内的各种各样的行政许可。既包括类似银行、保险、证券、电信等由国家主管部门行政审批的重要产业的准入资格和行政许可，又包括各级政府掌握的基础设施、公共事业领域的特许经营权。目前，从国务院有关部门到地方各级政府，或是出于国有企业对某些行业垄断的需要，或是政府以必须采取特殊的行业管理方式为由，或是政府有关部门为了自身利益而设置审批事项等，各级政府手中掌握着大量对企业经济发展有重大影响的营业执照、行业资源和行政许可。比如，从事金融、保险、证券等特殊行业的经营，必须经国务院有关部门审批，领发特别营业执照；又如，各级政府还通过大量的行业资质，对相当多的行业设立门槛，使资质成为企业经营发展的必需的重要前置条件。在当前市场经济不完善的大环境下，这些特殊经营许可和行业资质，成为企业尤其是国有企业发展的重要资源。而部分企业包括一些国有企业在取得这些经营许可和资质后，通过有形或无形的交易市场，使这些特殊经营许可和行业资质也形成了特殊的市场价格，变成企业的有价财富和特殊利益。政府掌握的这些重要行业的特许经营权，除了少数由民营企业通过不同方式取得外，绝大多数通过各级政府的行政许可，无偿配置给国有企业，从而使国有企业在这些重要行业处于垄断地位或绝对优势地位，构成国有企业特有资源的重要组成部分，也是国有企业垄断利润的重要来源。

（四）政府掌握的投资资源

政府的投资资源，包括直接全额投资、合作投资、投资项目的代建代管等。在计划经济条件下，政府将财政资金无偿分配给国有企业，由企业投资形成企业的固定资产和生产要素。随着政府职能的调整和市场经济体制的逐步确立，虽然政府改变了传统的将财政资金直接分配给企业进行投资的方式，但是在其掌握的投资资源的配置方面，政府仍然将国有企业作为配置投资资源的载体和平台。例如，政府每年大量的投资资源，或者由国有企业代建代管，造成这些投资和资产名义上是政府的，实际上是由国有企业使用和经营管理的；或者作为政府投资的资本金，直接注入国有企业，形成国有企业的投资项目和固定资产；或者采用政府平台投资公司的方式，建设项目名义上由企业向银行贷款建设，实际上是政府提供资源进行担保或信用担保，政府最终承担无限责任；或者采取政府与社会资本合作的方式，使大量的政府合作项目，名义上是吸引社会投资经营，但实际上主要由国有企业来投资，而国有企业投资的背后，是政府的信用担保和对未来收益的固定回报。通过不同的方式，政府将这些投资资源直接或间接地配置给国有企业，构成国有企业发展的主要资源和要素，从而使国有企业从政府投资资源中获得巨大的经济利益。

近几年，随着国家“一带一路”倡议的实施，中央和各地政府掌握的投资资源，逐步开始向国际市场拓展。国家向“一带一路”沿线国家实施的大量项目援助、投入的低息或无息贷款投资资源，以及进行的各种各样的资本输出，基本上都是通过国有企业的平台和载体实现的，这使国有企业获得了大量的投资资源，构成国有企业在境外投资发展的主要来源和重要组成部分。

（五）政府掌握的庞大的产业基金和投资基金资源

近年来，随着地方尤其是东部地区财力的增长，在解决了“吃饭财政”问题后，政府靠着土地拍卖和房地产开发带来巨大利益，开始用财政资金进入经济领域，参与市场竞争，以达到落实产业政策、促进 GDP（国内生产总值）增长的目标。政府进入经济领域的方式除了通过国有企业、平台公司直接投入具体项目外，还有相当一部分是以设立投资基金或产业发展基金的方式介入市场竞争的。从逻辑上讲，政府采取设立产业基金和投资基金的方式，比直接注入国有企业和平台公司更适应市场机制的要求，更有利于发挥市场在资源配置中的决定性作用。但实际上大量的产业基金和投资基金是由政府直接成立的基金公司、投资公司来管理的，这些基金公司、投资公司由于游离在国有资产管理体制之外，由财政等部门直接管理，从经济效益以及对政府产业政策落实的促进效果来看，可能比直接委托国有企业控股的投资公司或基金公司管理更差。近年来，国务院各部门以及各级地方政府为推动产业政策的落实，设立了大量的扶持资金，这些资金的配置，虽然面向社会不同所有制的企业，形式上也设立了一些门槛和程序，引进了一些社会力量参与资金配置的评估、检查、验收等环节，但由于受政治、经济、社会等因素的影响，这些资金实际上仍然由政府部门最终决定和审批。在实践中，这些产业资金最终大部分也直接或间接地配置给了各种类型的国有企业。

（六）政府掌握的价格资源

政府的定价权力以及对企业直接和间接的价格补贴，本质上并不属于企业资源要素，但在实践中它是决定一些企业经营赢利与否最重要的因素。对提供公共产品的企业来说，政府的产品定价及价格补贴通常成为企业赢利水平的决定性因素。随着几十年来经济体制和价格体系的改革，大部分商品价格已经放开，价格由市场决定，但是在基础设施、公共服务和垄断行业，政府仍然掌握着价格制定和价格补贴的权力，构成影响这些领域的企业乃至整个经济社会发展的重要资源。

由于政府物价部门与企业之间存在严重的信息不对称，因此，虽然政府在制定价格时也进行一些成本测算，部分项目也举行价格听证会，但政府掌握的价格资源基本上靠行政手段审批。由于垄断行业中以国有企业为主，基础设施领域中国有企业是主要参与者，公共服务的提供者也主要是国有企业，因此，参与政府定价的企业主要是国有企业。在政府定价过程中，由于信息不对称、政府谈判能力不足等，政府的定价水平和标准通常远远高于企业的合理成本加平均利润的水平，这给国有企业带来了更多的利润。在政府价格补贴方面，这些年政府对公用事业除了采取直接的、公开的价格补贴外，还更多地采取了对国有企业在土地供应、地价减免、财政专项、银行贷款等方面的综合性补贴、支持和补偿，其中部分是合理的，也有相当一部分超出了相应补偿的合理水平。

（七）政府直接和间接掌握的庞大的国有资产资源

国有企业的经营性国有资产，应该按照政企分开、政资分开的原则，由国有企业按照市场配置资源的原则，追求最大的经济社会效益。随着政府对国有企业资源配置的支配和主导作用加强，从一定意义上讲，国有资产本质上已经成为政府配置资源的重要组成部分。2017 年中央印发的《关于创新政府配置资源方式的指导意见》中，明确把金融类和非金融类经营性国有资产列入“创新经营性国有资产配置方式”范围之内，作为创新政府配置资源的重要领域。

从实践来看，政府直接和间接主导国有资产配置的领域大体上有四类。一是国有银行、证券、基金等国有控股的金融机构，国家和地方政府对这些金融机构的资源配置尤其是银行贷款有相当大的支配力和影响力。这种支配力和影响力通常采取不同的方式，有的是给银行直接下达贷款指令；有的是采取召开协调会的方式，给银行施加压力；有的是用财政、土地等资源给银行以适当补偿，引导银行按政府的指令落实贷款指标；有的是以政府的信用给银行担保，承担银行贷款的风险；等等。政府对国有金融企业的这种影响力和支配力，既给国有金融机构的扩张提供了强有力的支撑，又给国有金融机构带来了很大的金融风险。对其他非金融类国有企业来讲，政府对银行的干预，一方面给国有企业经营发展提供了金融保障，使国有企业比民营企业从国有银行获得了数量更大、利息更低的资金，支撑国有经济的快速发展，形成“国进民退”的发展格局；另一方面也促使国有企业高负债率的形成，阻碍了有进有退的国有经济布局调整，使一些“僵尸企业”或大量的低效率的国有企业长期滞留，给国民经济健康持续发展带来长远的不利影响。二是纳入国有资产管理部门的庞大国有资产，特别是多年积累下来的数额巨大的经营性国有资产，实际上已成为政府推动经济发展、落实产业政策等的工具和平台，政府通过不同方式支配着国有资产的配置和使用，其中包括对一些重要基础设施、公共事业、重大建设项目等，政府通常直接发出指令，国有企业按照政府的计划投资建设。政府制定产业政策和经济发展规划后，通常要求国有企业带头投入资金和项目，国有企业按政府的产业政策制订自身的投资发展计划。政府直接或间接支配经营性国有资本，虽然给国有企业的发展提供了大量的行政资源，但是国有企业也为此付出了很大的代价，由国有企业承担的一些重要项目通常也会产生巨大损失。三是政府直接举办的以融资为主要内容的各类投资平台公司，这些平台公司实际上是政府职能的延伸，是政府配置资源的直接平台，这些投资平台的负债基本上是政府的直接负债。近几年各级地方政府平台公司实际上已经成为我国金融系统的重大风险来源。四是近几年政府以各种理由直接举办的游离于各级国资委之外的各类国有企业。

这些年来，政府采取不同方式，通过国有企业这个平台和载体，用行政手段直接或间接地配置了庞大的经营性的金融类和非金融类的国有资产。这一方面使国有企业成为政府推动经济增长的抓手和行使经济社会职能的工具；另一方面也使国有企业从政府掌握的行政权力和行政资源、经济社会资源中获得巨大的经济利益，使其在相当多的领域处于垄断地位和优势地位。

上述政府掌握的七个方面的资源，从进一步完善社会主义市场经济体制和市场机制的要求来看，从国民经济发展的全局、长期、根本的要求来看，都应该通过市场机制发挥市场配置的决定性作用，但事实上，各级政府单纯为了追求 GDP 的增长，在实践中将大量的资源通过不同的方式基本上都配置给了国有企业，国有企业成为政府用行政手段配置资源的平台与载体，扭曲了资源配置在政府、市场、企业之间的关系，背离了“政府调控市场，市场引导企业”的市场经济调整模式。这一方面形成了国有企业的市场垄断地位和不公平竞争的环境，妨碍了社会主义市场经济体制的完善和市场机制的发挥；另一方面还鼓励国有企业盲目扩张，挤占了民营企业的发展空间，形成国有经济布局不合理、产能过剩的格局，给国有企业发展带来长远不利影响。与此同时，国有企业靠政府的资源优势取得的经营业绩和资产增值，掩盖了国有企业在经济效率、经营成本、体制机制等方面存在的问题，不利于促进国有企业内部机制的改革。

党的十八届三中全会审议通过的《中共中央关于全面深化改革若干重大问题的决定》（简称《决定》）指出，“必须积极稳妥从广度和深度上推进市场化改革，大幅度减少政府对资源的直接配置，推动资源配置依据市场规则、市场价格、市场竞争实现效益最大化和效率最优化”。随后中央和国务院又印发了《关于创新政府配置资源方式的指导意见》，提出要大幅度减少政府对资源的直接配置，创新配置方式，更多地引进市场机制和市场化手段，提高政府资源配置的效率和效益。但近几年，由于受政府职能转变、部门利益以及其他因素的制约，政府手中掌握的资源并没有减少，政府主要通过行政手段配置资源的方式没有发生多大的转变，政府把国有企业作为资源配置的工具，将资源主要配置给国有企业的格局也基本上没有改变，市场机制在政府资源配置中的决定性作用没有得到充分发挥。

二、当前政府资源配置方式带来的影响

当前，政府资源的配置方式和国有企业特有的垄断地位和优惠政策，总体上对国民经济发展和国有企业的改革带来了长远的不利影响。

一是降低了资源的利用效率，给中国经济发展带来损失。对于经济发展和企业经营需要的各种资源和要素，是发挥市场机制由市场配置效率高，还是利用行政手段由政府配置效率高？是直接配置给国有企业资源利用效率高，还是通过市场机制配置给不同所有制的企业资源利用效率高？是政府配置、国有垄断对更好地促进经济发展和满足人民群众的需要有利，还是通过市场机制配置给不同所有制企业对促进经济发展和满足人民群众的需要有利？这些问题已经被新中国成立后的计划经济和改革开放社会主义市场经济的实践充分论证了。

二是政府资源行政配置造成的国有企业的垄断，给消费者

和国家垄断行业的改革造成影响。目前我国一些垄断行业的国有企业，凭借国家对垄断行业的特许经营和特殊政策，几乎垄断了产业链上下游的资源、定价、流通等重要环节，在获得垄断利润的同时，也给消费者带来了沉重的负担。随之形成的庞大利益集团，使党的十八届三中全会《决定》提出的垄断行业的改革举措长期难以贯彻。

三是造成国有企业对政府资源的长期依赖，使国有企业在激烈的市场竞争中难以成为具有核心竞争力的市场竞争主体。经过几十年的国企改革，国有企业市场竞争力有一定的提高，个别企业在某些行业具有一定的优势。但总体上来说，这些年来，国有经济和国有企业的发展在一定程度上主要依靠在重要产业的垄断地位，依靠享受政府以不同方式给予的优惠政策。在这种情况下，国有企业既然可以凭借从政府获得特别的垄断资源和优惠政策取得额外的利润，能够很好地生存和发展，自然就失去了自我改革的压力。因此，国有企业作为政府配置资源的平台与载体，失去了成为适应市场竞争需要的独立的市场主体的外部压力和内在动力，延缓甚至阻碍了国有企业内部经营机制的转换和国有企业改革的深化。

三、转变政府职能，发挥市场在资源配置中的决定作用

综上所述，深化国有企业的改革，实现国有企业与社会主

义市场经济相适应的问题，首先需要解决好政府和企业的关系问题。一方面，社会主义市场经济体制下的政府要转变政府职能，实现政企分开，处理好政府与市场的关系、政府与国有企业的关系，改变把国有企业作为资源配置的平台与载体，作为推动经济增长的抓手的现状，发挥市场在资源配置中的决定性作用。另一方面，社会主义市场经济体制下，国有企业不能长期依赖政府赋予的行业垄断和特殊资源、特殊政策生存和发展，而应该面向市场，转变机制，成为市场竞争的主体。具体来说，处理好政府和市场、政府和国有企业的关系，应该从广度和深度上大力推进五个方面的改革。

（一）要减少政府在资源配置中的权力

从上述政府直接掌握和通过国企进行配置的七个方面的资源来看，虽然我国推进政府转变职能和审批制度改革 20 多年了，尤其是近几年，国务院把转变政府职能、推进“放管服”改革、重塑政府与市场的关系，作为政府改革的重要举措，取消或下放了几批政府审批事项，减少了政府对市场资源的直接配置和对市场活动的直接干预，但从市场经济下政府和企业改革的最终目标来看，政府掌握并直接以行政手段配置的经济资源太多，对市场活动的干扰太多，市场对资源配置的决定性作用并没有充分发挥，政府与企业主要是与国有企业的关系并没有理顺。根据党的十八届三中全会《决定》明确的政府的责任和作用来看，政府应该履行“保持宏观经济稳定，加强和优化公共服务，保障公平竞争，维护市场秩序，推动可持续发展”的职能，并不需要直接掌握支配大量的经济资源，更不应该借助于国有企业的平台来配置资源，而应该尽最大可能将其掌握的经济资源包括垄断行业、自然资源开发、政府投资基金、产业基金等通过市场化的改革，推向各类市场，发挥好市场在资源配置中的决定性作用。同时，将属于影响市场公平和市场机制发挥的大量的市场准入、特许经营、政府定价等经济资源予以取消，打破国有企业对诸多行业的垄断，等等。通过减少政府掌握的各类资源，并改革政府对资源的直接配置，推动资源配置的市场化，真正形成政府调控市场、市场引导企业的宏观调控体系。

（二）要引进竞争规则，为不同所有制企业创造平等竞争的环境

比如，对政府掌握的经营性的经济资源，包括自然资源的开发利用、少数自然垄断的行业、个别特许经营和政府定价资源，以及少量的政府投资等，建议采取类似土地资源出让的招标、拍卖、挂牌的方式，通过资源的特许经营权市场化的有偿使用，实现政府和市场作用的有效结合，既取得政府资源利用的最大效益，又体现竞争的公平性。对于政府掌握的一些非经营性经济资源，如用于公共服务的政府全部投资项目的建设，可以通过竞争方式，实现代建代管，一些有部分收费的基础设

施公共服务项目，可以采取政府与社会资本合作的方式，利用竞投等方式选择合作对象，等等。

（三）要坚持政资分开、政企分开的改革方向

在垄断资源和优惠政策方面，政府要逐步把国有企业推向市场。国有企业要面向市场，消除对政府资源和优惠政策的依赖性，公平地从市场取得自身生存和发展所需的各类资源。要依靠自身的生命力、竞争力，成为激烈市场竞争中的主体，用逐步断开的方式，倒逼以政企分开、政资分开为主要内容的政府行政管理体制改革，倒逼以管资产、管企业向管资本为主的国有资产管理体制改革，倒逼国有企业内部决策机制、经营机制、监督机制的改革，倒逼企业内部分配、用人、薪酬等内部体制改革和机制转换，使国有企业机制与市场机制真正接轨。

（四）加快垄断行业的改革，建立各种所有制公平竞争的市场环境

垄断行业的改革是经济体制改革的难点，由于政府把垄断资源用行政手段直接配置给了国有企业，垄断行业基本上以国有企业为主，因此垄断行业改革的本质是国企国资领域的改革。垄断行业的改革已经进行几十年了，2000 年前后，朱镕基总理在电信、电力、航空、石油等领域进行过改革，基本上破除了国有企业独家垄断局面，形成了国有企业内部寡头垄断的格局。

近十几年由于部门利益掣肘等，行业垄断已成为国民经济健康持续发展的障碍。因此，推进垄断行业的改革，首先要在重要的垄断行业放开准入条件，降低行业门槛，引进民资、外资等多种所有制企业，形成公平竞争的市场机制。同时，把现有国有企业处于垄断地位的、垄断行业内部的竞争性业务和垄断性业务分开，将竞争性环节和业务彻底推向市场，优胜劣汰。对具有自然垄断性质的环节和领域，引进社会资本，形成多种所有制企业有限竞争局面，同时政府加强价格管制和对其服务质量的监督，形成“必要成本＋合理利润”的自然垄断行业的赢利模式。

（五）加强国有经济布局的调整，加快竞争性领域国有企业退出，形成国有企业有进有退的机制

在竞争性很强的领域，绝大多数国有企业没有竞争力，不具备发展壮大的优势。当前我国竞争性领域存在的大量的国有企业，实际上都不同程度地依靠政府的优势资源和特殊政策的支持，离开了政府的这些特别支持，相当一部分竞争性领域的国有企业连生存条件都不具备，更谈不上做强做优。随着政府与市场、政府与国有企业关系的理顺，随着政府资源配置方式的改革，随着国有企业与政府资源和优惠政策的真正分离，绝大多数竞争领域的国有企业将难以为继。因此，必须加大国有企业布局和结构调整，重点对严重产能过剩的“僵尸企业”，对

处于竞争激烈领域的商业、物流、外贸、服务业、制造业等国有企业，除极少数已经做强做优做大的企业以外，绝大多数要抓紧退出。从长远来看，在竞争领域可以生存发展，但不符合国有经济长远发展方向的国有企业，以及经营风险大，但内部动力机制和风险承受机制不能适应所处领域的国有企业都应该有计划、有步骤地退出。通过竞争性领域国有企业的退出，形成有进有退的国有企业发展机制，优化国有经济布局和结构。未来国有企业应主要在关系到国家全局的重大战略性产业，保障国家经济和社会正常安全运行的重要基础设施领域，以及为人民群众提供服务的公共服务领域发挥更大的作用。但即使在这些领域，国有企业也要通过市场机制，公平地获得政府的特殊资源，平等地享受政府的特殊政策，通过自身的竞争力和优势，承担起国有经济在国家长远发展和满足人民群众对公共服务的需要中应尽的责任和义务，为国家的发展和满足人民群众日益增长的美好生活做出更大的贡献。

坚持市场化改革方向，加快国企内部经营机制转换[①]

习近平同志在最近的民营企业座谈会上发表了重要讲话，重申中央“两个毫不动摇”的基本方针，并在“毫不动摇地鼓励、支持、引导非公经济发展”的基础上，特别提出“要大力支持民营企业发展壮大”，特别强调要建立公平竞争的市场环境，使各种所有制经济依法平等使用生产要素，公平参与市场竞争，同等受到法律保护。

在未来中国改革发展的过程中，如果我国真正建立起公平竞争的市场环境，那么意味着现有的国有企业将失去垄断地位，失去政府的特别支持，失去银行的特殊支撑。在未来的公平竞争的社会主义市场经济条件下，国有企业和民营企业、外资企业一样，平等使用生产要素，公平参与市场竞争，同等受到法律保护。在这种情况下，在现有庞大的国有资产体系中，还有多少国有企业能够长期生存和发展？还有多少国有企业真正能够做强做大做优？未来，如果混合所有制成为基本经济制度的

① 本文是作者 2018 年 11 月 14 日在国务院国资委新闻中心、上海国有资本运营研究院、中国金融信息中心共同主办的“国资大讲堂”上的演讲全文。

重要实现形式，那么国有企业靠什么去赢得竞争中的优势？靠什么去巩固和发展国有经济？靠什么去发挥在国民经济中的主导作用？

我认为，在公平竞争的环境下，国有企业求生存和发展，最根本的是要靠企业内部的活力和效率，而活力和效率基本上来自国有企业内部机制的转换。中国改革开放 40 年了，国有企业内部机制也转换了 40 年了。应该说，40 年国有企业内部机制转换取得了很大成绩，企业的竞争力得到了很大的提高，内部机制正在与市场经济体制逐步接轨。但是，与民营企业相比，与激烈的市场竞争的需要相比，国有企业内部机制还没有与市场经济完全接轨，机制不活、效率不高仍然是制约国有企业生存和发展的根本原因。

对此，党的十八届三中全会的《决定》对深化国有企业改革提出了明确的方向，提出了以市场化、国际化为导向，加快建立现代企业制度，深化企业内部机制改革的一系列方针政策。但是总的来说，建立现代企业制度，转换内部机制的改革方向还任重道远，应该引起我们的高度重视和反思。

一、国有企业转换经营机制改革的艰难探索

搞活国有企业，转换内部经营机制，随着中国的改革开放，已经走过了 40 年不断探索的艰难之路。

在计划经济条件下，国有企业是政府的附属，按照各级政府的计划指令从事生产活动。国有企业内部机制与党政机关内部的管理体制没有多大差别。国有企业领导人都有行政级别，与党政机关干部一样属于国家干部序列，享受国家干部的政治待遇和生活待遇；国有企业的分配体制与政府机关大体一样，企业领导纳入党政干部工资序列，员工执行国家统一的“八级工资制”，企业内部实行平均主义“铁饭碗”，国有企业员工没有失业之忧；国有企业的决策体制，基本上没有独立、科学可言，完全听命于国家机关对生产任务产供销计划分配的各种指令；国有企业领导体制实行党委领导的厂长负责制，党组织领导和直接管理企业的几乎所有活动；等等。

20 世纪 80 年代初，在改革开放初期，随着商品经济理论的突破，为了搞活国有企业，调动企业生产经营积极性，国家开始实行计划与市场调节相结合的管理方式，逐步扩大企业自主经营权，在企业内部决策机制、分配机制等方面进行了“承包制”、“利改税”、“减税让利”、转换经营机制等改革探索，国有企业内部经营机制开始与党政机关有所区别，并明确提出国有企业要逐步转换经营机制，以使企业成为相对独立的自负盈亏的商品生产者。但是，实践证明，由于中国经济改革大方向尚未正式确立，国有企业内部这一系列改革措施虽然取得了成绩，但并未取得实质性突破。

20 世纪 90 年代初，随着邓小平同志发表“南方谈话”以及党的十四大的召开，随着中国社会主义市场经济改革方向的确立，尤其是随着建立“产权清晰、权责明确、政企分开、管理科学”的现代企业制度目标的提出，国有企业内部机制与社会主义市场经济接轨的改革方向才得以正式确立，从此国有企业全面启动了内部机制与政府行政管理体制分道扬镳的改革试验。

经过20多年的努力，一方面，国有企业内部体制机制大体上已经脱离了政府内部行政管理体制和运作机制，按照适应社会主义市场经济要求的方向逐步建立了自成体系、相对独立的国有企业内部运行机制；另一方面，深化国有企业改革，转换企业内部体制机制的任务还很繁重，国有企业的内部体制机制还没有完全与市场经济接轨，现代企业制度还没有完全确立。因此国有企业内部体制机制的改革处于方向明确、取得重要进展，但又不完善的特殊的过渡时期。国有企业内部体制机制现阶段的独特性大体上表现在五个方面。

（一）国有企业干部管理体制机制正在与市场机制和现代企业制度逐步接轨

首先，基本上取消了国有企业和国有企业领导人的行政级别。除了少数央企和地方重点国有企业的董事长等主要领导外，从中央到地方国有企业领导人已经基本上取消了行政级别，绝大多数国有企业领导人已经脱离了党政干部序列，国有企业领导人的工资待遇、养老保险、医疗等待遇也与行政级别脱钩。

取消国有企业领导人行政级别是一项涉及广大企业领导人切身利益的改革。在改革过程中，国有企业领导人经历了十分复杂的心理转变过程。一方面，由于“官本位”的思想观念、社会地位的影响，相当一部分企业领导人对行政级别“情有独钟”，对告别行政级别走向经理人才市场心有余悸、顾虑重重。另一方面，他们又期待着与市场机制接轨，享受与市场经理人才水平相当的薪酬。对各级党委组织部门来说，国有企业领导人取消了行政级别，意味着组织人事部门失去了相当大的权力，因此通常对这项改革持消极和反对态度。经过多年的努力和博弈，虽然国有企业领导人与干部行政级别还处于藕断丝连状态，但总体来讲，这项改革已经取得了重要进展，产生了广泛的影响。

其次，基本上形成了以产权关系为主线的分层级的国有企业领导人管理体系。随着绝大部分国有企业领导人行政级别的取消，国有企业领导干部管理体制也发生了重大变化，国有企业领导人由原来各级组织人事部门考核、任免转为由产权单位进行推荐、考核、任免，从而形成了全国各级国有资产管理部门按照产权关系而形成的新的国有企业领导人管理体制。当前除了部分央企的主要领导人和部分地方重点国企领导人仍然由各级党组织部门管理之外，绝大多数国有企业领导人由本企业的产权单位按照股份比例进行考核选拔，并分别向企业股东会、董事会推荐，由企业的股东会、董事会分别任免。

国企领导人管理体制的变化，是管理企业领导人权力在各级党的组织部门和产权单位之间、不同部门之间的转移、调整和再分配。它是关系到国有企业发展全局的一项重要改革，既有利于完善并形成管人、管事、管资产相结合，责任、权利、义务相统一的国有资产管理体制，实现国有资产保值增值；又有利于调整国有企业领导人的用人导向，有利于国有企业企业家队伍的形成，有利于企业的长期持续发展。

最后，国有企业职业经理人队伍的建设开始起步，少数领导人已采取市场化选拔和聘任的方式。自 2003 年各级国资委成立以来，从央企到地方，国有企业已经开始利用市场机制，面向社会公开招聘国有企业领导人，既吸引了一些优秀人才加入国有企业领导人队伍，又对国有企业领导薪酬体制的市场化改革进行了有益的探索。当然，这些年从央企到地方国企，进行市场化选择聘任的国企领导人数量通常很少，基本上是副职，在国有企业领导人队伍中只是少量的补充，因此国有企业领导人市场化的改革和职业经理人队伍的建设刚起步，有待进一步发展。

（二）国有企业决策机制进行了制度性的转换

决策机制是企业经营管理最重要的机制，决策失误通常会给企业带来灭顶之灾。在计划经济条件下，国有企业经营发展的重大决策都是由政府做出的，国有企业负责执行；企业内部的管理决策，实行党委领导下的厂长负责制。20 世纪 80 年代改革开放过程中，随着经营承包责任制、扩大企业自主权等诸多企业改革的深入，部分企业领导决策机制曾一度从党委领导下的厂长责任制调整为厂长经理责任制。

随着 20 世纪 90 年代初国有企业改革确定了建立现代企业制度的目标和方向，尤其是随着产权改革和混合所有制的发展，以及政资分开、政企分开的逐步落实，国有企业内部决策机制也发生了制度性的转换：在企业外部，企业重大决策由各级政府众多部门做出转为由企业的产权单位即各级国有资产管理委员会做出；在企业内部，企业决策中心由企业党组织转换为企业股东会和董事会。经过几十年的产权改革，除了少数国有独资企业外，绝大多数产权主体多元化的国有企业，依据《公司法》和公司章程成立股东会，企业特别重大问题由股东会按持股比例投票决策，并按照股份比例组成董事会，董事会经股东会授权，对企业日常经营进行决策，有些企业的董事会还成立了提名、审计、薪酬等若干专业委员会，为董事会决策提供重要的专业支撑。

经过多年的探索和实践，国有企业董事会制度已经逐渐规范成熟。在产权改革的基础上，董事会成为国有企业的决策中心，也是国有企业改革的重要制度创新。与传统的党委领导下的厂长负责制相比，董事会决策具有现代企业制度下的很多优势：它可以发挥产权主体多元化的优势，平衡各方股东的利益诉求；它可以通过建立独立董事、外部董事等机制，设立各种专业委员会，大大提高董事会决策的科学性，提高董事会决策的质量和水平；它可以使董事会的决策更加注重企业的经营效率和投资回报，有利于国有企业健康持续发展；它可以克服党委领导下的厂长负责制中存在的权责不对称的弊病，建立有效的权责相统一的决策责任制度；等等。

在几十年国有企业改革的实践中，对如何处理坚持党的领导与建立现代企业制度、完善企业法人治理结构的关系也进行了大量的卓有成效的探索，并初步形成且不断完善既能与社会主义市场经济体制接轨，又能体现党的政治领导的企业内部决策机制。比如，党组织在企业仍然发挥政治领导和保障监督的作用，使国有企业改革和发展不偏离党的基本路线、方针、政策；企业董事长通常兼任党组织的书记，既是企业的法人代表，同时承担着企业党组织建设的责任；在董事会决定企业重要管理人员的过程中，董事会和经营班子通常也会事先听取、征求企业党组织的意见和建议，把党管干部原则同企业法人治理结构有机地协调起来；企业党组织的办事机构，通常也同董事会、经营班子的办事机构合署办公，实行“一套人马、几块牌子”；等等。这些机制通过多年探索实践而逐渐形成，把党的领导与法人治理结构在组织领导、办事程序、机构设立等方面进行衔接和融合，充分体现了国有企业改革“摸着石头过河”的策略和各方面推进国有企业改革的智慧。从几十年来国有企业改革和发展的实践来看，以董事会为中心的企业决策机制的转型并没有同党的领导原则发生根本性的冲突。

（三）企业薪酬机制部分与市场经济逐步接轨

企业的薪酬机制和分配制度涉及每个员工的切身利益，也是企业发展的重要动力机制。改革开放以来，随着国有企业内部机制改革的不断深入，各级国资委推动的包括工资制度在内的"三项制度"改革取得了很大的进展，加上社会上劳动力市场、人才市场和经理人才市场的逐步形成和完善，国有企业的领导人、科技骨干和普通员工的薪酬机制，已经分别与各地区的经理人才市场、人才市场和劳动力市场基本接轨。

在与企业内部薪酬分配机制接轨的过程中，受国有企业内部多种因素的影响，各类人员的实际薪酬水平与市场同类人员的薪酬水平还没有完全接轨。一般来讲，国有企业普通员工的薪酬水平比劳动力市场同类水平高一些。而由于民营企业对科技人员比较重视，科技创新能力强，国有企业科技人员的薪酬水平比市场同类水平通常略低一些。国有企业领导人的薪酬水平和决定机制还处在与经理人才市场接轨的过程中，受多种因素影响和制约，除少数国有企业薪酬失控，导致个别国企领导人薪酬水平高于同类市场水平外，绝大多数的国有企业领导人的实际薪酬水平比经理人才市场低得多，通常只能达到同类职业经理人薪酬水平的30%～40%，并且缺乏与业绩挂钩的长效激励机制。上述国有企业三类人员薪酬水平与不同市场薪酬水平的差别，造成了近些年国有企业领导骨干流失严重、科技人员大体稳定，而普通员工冗员严重、企业劳动成本高等基本格局。

（四）适应国有资产管理体制和企业产权制度的企业监督机制大体确定

在政企不分的计划经济体制下，对企业的监督主要来自外部和内部两个方面。来自外部的监督主要是政府财政、计划、劳动等有关部门分兵把口，分别对企业的财务、投资、劳动等通过行政手段进行监督。来自内部的监督主要通过企业职工代表大会的民主形式，对企业内部一些重大决策进行审议，发挥监督作用。

随着国有企业以产权为核心的公司制改造和国有资产管理体制的改革，以及以会计师事务所、律师事务所为主体的社会经济监督服务体系的完善，国有企业的监督机制也发生了根本转变。首先，传统的由政府各部门分头对企业的监督转变为以国有资产管理机构为主体的产权监督。其次，传统的企业职工代表大会对企业重大决策的监督职能，被依据《公司法》设置的公司监事会替代，为了反映企业员工的意见和建议，公司监事会中通常有通过工会产生的数量占1/3的职工代表参加。企业监事会依法对企业的财务以及高级管理人员进行监督，成为企业法人治理结构的重要组成部分。最后，对企业的财务监督除了产权部门委派财务监督外，主要由以会计师事务所为主的社会经济审计监督体系承担。

上述三个方面的企业监督机制和监督体系，由于种种原因，各自监督功能的发挥很不平衡。从产权监督来看，不到位和越位的情况并存，在 2003 年各级国资委成立以前，以产权监督不到位为主要矛盾；近些年来，随着国资委职能扩大，产权监督存在越位情况。从社会审计监督来看，随着我国会计、审计等专业审计机构的发展和全球著名审计机构的引进，社会审计监督体系日益完善，国有企业引进专业审计机构审计监督，使国有企业的社会财务监督体系实现了与现代市场经济体制和现代企业制度接轨的目标。从内部企业监事会作用发挥的情况来看，受《公司法》的约束和我国政治、社会、文化等多方面因素的影响，企业监事会的监督作用基本上没有得到发挥，大多数监事会流于形式。

（五）国有企业用工制度和机制基本上与市场经济接轨

在计划经济下的国有企业员工，实际上是“铁饭碗”“终身制”，谈不上建立企业员工能进能出的用工机制。同时，国家没有建立统一完善的社会保障福利体系，国有企业员工保障和各种福利都由企业包办终身，国企员工离开本企业无法独立地工作和生活。改革开放以来，随着民营企业、外资企业的发展，劳动力市场和社会保障体系已经逐步完善成熟，尤其是在竞争性领域，相当一部分国有企业在激烈的市场竞争中难以生存，被迫对员工进行裁减和下岗分流，因此对国有企业的劳动用工制度产生了巨大冲击，迫使国有企业内部劳动用工机制与社会主义市场经济接轨。

经过几十年的不断探索，我国在促进国有企业用工机制与市场接轨方面大体上采取了三个方面的主要改革举措：一是承认员工的国有企业员工身份，对离开国有企业的员工，通过“买断工龄”的方式进行经济补偿，补偿标准由各地区根据情况自行确定，有高有低；二是对在职和新进入国有企业的员工，按照劳动力市场的统一方式，实行劳动合同制，依据有关劳动法律法规，规范企业和员工的聘用关系；三是在国有企业中推动包括劳动制度在内的国有企业劳动、人事、工资三项基本制度改革，逐步形成员工能进能出、与劳动力市场接轨的用人机制。

目前国有企业的内部劳动用工制度基本上与市场经济接轨，国企员工成为劳动力市场的重要组成部分。当然，受我国政治、社会、文化等因素的影响，在垄断行业和公共事业的国有企业，员工“能进不能出”的现象还相当突出，人浮于事、用工成本高、效率低的现象在不同程度上存在。即使在一些竞争性领域的企业，受到政府就业和社会稳定的压力，与民营企业、外资企业相比，国有企业精减人员以及员工能进能出也受到一定的限制，这些都需要在未来通过深化国有企业内部机制改革不断完善。

国有企业劳动用工制度的改革，涉及上亿名国有企业员工的切身利益，尤其是2000年前后全国国有经济布局大规模调整时期，几千万名国有企业员工下岗分流，是国有企业发展与市场经济接轨中难以避免的一场最深刻的变革。在这场大变革过程中，虽然各级政府在为离岗国有企业员工补发一定数量的经济补偿金，将他们纳入社会保障体系，帮助他们实现再就业，保障他们的基本生存等方面，采取了一些特别的政策，做了大量的工作，但由于受当时国家和地方政府财政能力限制，以及各地政策落实水平的差异等影响，国有企业离岗员工的切身利益仍然受到了严重影响。应该说，国有企业下岗员工为国有企业改革付出了代价，承担了沉重的成本，他们离开国有企业后除了少数创业成功外，绝大多数成为社会的弱势群体，应该说国有企业员工为国有企业改革以及整个国家经济发展做出了重要贡献。

二、当前国有企业转换经营机制改革的问题

综上所述，经过几十年国有企业改革的艰难探索和大胆实践，国有企业在内部转换机制的若干重要方面，包括干部管理

机制、企业决策机制、工资薪酬机制、内部监督机制、劳动用工机制等方面都取得了重要进展，正在加快与社会主义市场经济接轨。虽然国有企业内部机制转换还存在很多问题，还需要继续深入和探索，但改革的方向是对的，相信只要按照这个方向坚持不懈地努力，我们终究会找出一条国有企业与市场经济相融合、国有企业内部机制与市场经济机制全面衔接的路子。对此，党的十八届三中全会《决定》仍然坚持了几十年来国有企业市场化改革的基本方向，并在建立现代企业制度方面提出了一系列新的要求，要求国有企业“必须适应市场化、国际化新形势，以规范经营决策、资产保值增值、公平参与竞争、提高企业效率、增强企业活力、承担社会责任为重点，进一步深化国有企业改革”，要“健全协调运转、有效制衡的公司法人治理结构。建立职业经理人制度，更好发挥企业家作用。深化企业内部管理人员能上能下、员工能进能出、收入能增能减的制度改革。建立长效激励约束机制，强化国有企业经营投资责任追究”，等等。

在近几年的改革过程中，由于受到经济、政治、社会等多方面影响，国有企业转换经营机制面临一系列问题，主要表现在以下几个方面。

（一）有些地方恢复了国有企业领导人行政级别

取消国有企业领导人的行政级别，建立职业化经理人队伍是多年来国有企业改革的一项重大举措。1999 年党的十五届四中全会《关于国有企业改革和发展若干重大问题的决定》中特别指出“对企业及企业领导人不再确定行政级别”。但近些年，一些地方党委组织人事部门以贯彻“党管干部”“党管人才”等为理由，基本上收回了各级国有资产管理部门和国有企业董事会“管人”的权力，恢复了国有企业领导人的行政级别，把国有企业领导人的管理重新纳入党委组织部门管理体系。在国有企业领导人的行政级别和管理权限做了重大改变之后，党政干部和国有企业领导人交流的渠道自然畅通了，一个从来没有从事经济工作和经营管理的党政干部，可以随时到央企和地方国企担任董事长、总经理；反之，没有基层从政经历和行政管理经验的国有企业经营领导人，也可以随时担任各级党政领导干部。这改变了国企领导人向职业经理人转变的基本方向。

恢复国有企业领导干部的行政级别后，央企和地方国企面向经理人才市场公开招聘国企领导人的举措自然基本取消。国有企业领导人纳入党政干部管理体系之后，各级党的组织部门对国有企业领导的选拔标准、考核程序和任用方式，已基本上与党政领导干部相一致。

（二）协调好党委与董事会在企业中的决策功能

2016 年 10 月，习近平总书记在全国国有企业党的建设工作会议上强调 :“坚持党对国有企业的领导是重大政治原则，必须一以贯之；建立现代企业制度是国有企业改革的方向，也必须一以贯之。”如何贯彻好两个“一以贯之”，还有一系列实践和理论问题需要探讨，具体有以下三个方面。

首先，企业决策机制的调整如何保障民营企业股东和其他股东的合法权益。

产权制度是中国社会主义市场经济的基石。在国有企业改革的过程中，通过股份制改革实现混合所有制是建立现代企业制度的核心，也是国有企业实现政资分开、政企分开、权责明确的前提。

通过产权制度改革，在一个产权多元化的国有企业里，不同的股东，依据股份的比例有相应的股东权利，股东的权利委托给企业董事会行使。在董事会内，不管是股东董事，还是非股东董事、外部董事、独立董事，都对股东会负责。因此企业董事会的决策一定会追求股东的最大利益，以提高经济效益为目标，同时依据国家有关法律法规，兼顾企业员工的合法利益，履行企业对社会的责任，接受政府法律法规的监督和约束。在这种企业制度下，企业本质上是一个以追求股东最大利益为目标的经济组织，是市场经济体制下独立竞争的市场主体。

以产权改革、产权清晰为基石的现代企业制度，不是哪一个人随意的主观设想，也不是在国有企业改革之初提出的顶层设计，而是经过多年的国企改革的实践逐步探索并达成共识的艰难过程。在计划经济体制下的国有企业，企业的产权在理论上是清晰的，但是在实践中国有企业的产权又是虚置的，既没有具体机构作为国有企业所有者的代表，也没有专职人员对国有企业的经营状况真正具体负责。20世纪80年代改革开放之初，国有企业改革在艰难探索过程中，先后经历了扩大企业自主权、“利改税”、经营承包责任制、转换企业内部经营机制等一系列的改革探索，但都无法解决国有企业与市场经济相适应，并成为独立的市场竞争主体的制度和体制机制问题。只是在以产权改革为基石的股份制改革取得了突破后，才最终找到了实现国有企业与市场经济接轨的桥梁，并将股份制和混合所有制作为我国社会主义所有制的主要实现形式。

在通过股份制改革实现产权清晰的现代企业制度体系过程中，国有资本的产权不仅在数量上进一步清晰，而且国有产权通过出资人代表，对国有资产保值增值负责，并按照股份的比例依法行使国有产权出资人的权利。在国有企业参股、控股的企业里，与包括非公有制经济在内的各方股东，按照出资比例组成股东会，并推荐董事组成公司董事会，董事会作为公司的最高决策机构，对企业的重大问题进行决策，董事会聘任经营班子，实现所有权和经营权分离，从而形成现代企业制度下的科学合理的法人治理结构。

但是，在一些地方的企业党组织作为决策中心的领导体制下，非国有经济的投资主体（包括不同国有企业在内的投资主体）代表的股份比例，及相应的出资人在企业运营过程中难以享有《公司法》规定的参与重大决策和选择管理者等相应的法律权利，难以发挥不同股东代表在企业重大问题决策中的制衡监督作用。在这样的企业制度下，非国有控股股东的合法权益受到了侵害，他们只有出资的义务，没有参与决策的权利，违背了现代企业发展和以产权改革为核心的混合所有制改革的规律，严重打击了非公有制经济参与国有企业改革、推动混合所有制发展的积极性。

其次，企业决策机制的调整如何进一步坚持好政资分开、政企分开的基本方向。

政企分开是建立现代企业制度的重要制度设计，是国有企业成为独立的市场竞争主体的重要前提，是提高国企效率、做强做优国有企业的必需的外部环境。在国有企业几十年改革的探索过程中，政资分开、政企分开一直是改革的方向，在2003年以前，由于政府职能上没有实现政资分开，国有企业分别由组织人事部门、财政部门、计划部门、劳动部门以及行业主管部门等部门行使所有者权利，因此政企分开的改革未能实现真正的突破。

从2003年起，随着国家对国有资产管理体制进行了改革，国务院国资委以及各地方国有资产管理部门的相继成立，为实现政资分开、政企分开，解决国有企业分头管理的问题提供了体制基础。作为政府特设机构的各级国有资产监督管理委员会，行使国有资产的出资人的权限，实行管人、管事、管资产相统一，从而形成权力、责任、义务相统一的新型国有资产监督管理体系。在新型国有资产监管体制下，通过国资委这个层次，基本上改变了党政各部门与国有企业之间的直接管理关系。各级国资委作为国有企业的出资人，依法按股份比例派出董事，组成公司董事会，并行使出资人的基本权利，从而基本上改变了政资不分、政企不分的状况，逐步把企业推向市场，成为市场经济公平竞争的经营主体，取得了国有企业改革和现代企业制度建设的重大突破。

政企分开下的国有企业与政府的衔接链条是：国有企业—董事会—国有资产管理委员会（出资人代表）—各级政府。在这个链条中，通过以行使国有资本出资人权利为已任的政府特设机构，即国有资产监督管理委员会，将政府本身的行政职能与政府作为国有资产出资人代表的职能隔离，把原本分散在政府各部门的国有资产出资人权利集中到国资委这个特设机构统一行使，从而实现了政资分开。同时，在政资分开的前提下，政府有关部门不再直接干扰国有企业的正常经营活动，初步实现了政企分开。

在当前的大环境下，虽然国有企业通过国资委与政府之间的衔接链条还存在，但实际上作用在减弱。而另一条国有企业与各级党委之间的链条，事实上成为国有企业领导与被领导、管理与被管理、监督与被监督的主要链条。党委的纪检部门直接向国有企业派出纪检组、巡视组，直接监督国有企业的经营活动；党委的宣传部门、统战部门，甚至共青团、妇联等党团组织都可以通过在企业内部设立专门部门，采取不同方式直接影响、参与、管理国有企业有关方面。在这种情况下，国有企业既要通过国有资产管理委员会对政府负责，更要对党委组织部门、纪检部门、宣传部门等地方市委负责，这种“双重负责”的领导体制和格局是当前国有企业管理体制的一个现实情况。

最后，企业决策机制的调整如何进一步形成各司其职、各负其责、权责对等的制衡机制。

在现代企业制度下，股东会是最高决策机构，同时它又需要对决策承担与股份比例相对应的有限责任，决策失误将给股东利益带来重大损失。在股东会闭幕期间，董事会是日常经营活动的权力决策机构，董事会决策是个人负责制，决策失误除了其个人信誉、个人道德、经理人才市场价值受到影响外，严重的还要承担法律责任，其中的股东董事还要同时承担决策失误造成的经济利益的严重损失。应该说，在现代企业制度中，股东会、董事会的权责是明确的，责任与义务是均衡的。但是在企业党组织成为决策中心的情况下，国有企业的权责关系有一定程度的变化。

（三）通过对国有企业领导的大幅度限薪，企业领导人薪酬趋向于与党政干部工资水平接轨

经过多年的改革，国有企业薪酬和分配机制大体上与市场经济接轨，其中一般员工已与劳动力市场接轨，科技人员已与人才市场大体接轨。企业领导人在薪酬水平方面与经理人才市场还有一定的差距，未来薪酬改革的重点本来应该是国企领导人的薪酬水平和薪酬结构与经理人才市场接轨，建立职业经理人制度。然而，这几年在规范领导人薪酬制度和机制的过程中，除了有必要对少数金融国有企业领导人的过高薪酬进行规范和降低外，对绝大多数国有企业领导人也采取了降薪限薪的政策，进一步拉大了国有企业领导人与市场薪酬水平的差距，绝大多数国企领导人的薪酬水平大大降低，将国企领导人薪酬体系逐步与各级党政领导干部的工资薪酬体系衔接。

党的十九大报告指出，“经济体制改革必须以完善产权制度和要素市场化配置为重点”。在企业经营和发展中，企业家是第一位的、最重要的要素，企业家的动力是企业发展的最主要的动力，制度设计上国企领导人的薪酬机制和水平不能实现市场化，不能与经理人才市场接轨，在国有企业发展的实践中，企业发展的动力机制就难以真正建立，影响了国有企业领导人的积极性、创造性。

（四）现代企业制度的监督体系有所弱化

经过多年的改革，国有企业内部监督机制已经实现了从适应计划经济向适应社会主义市场经济体制的初步转变。在企业外部，从政府各行业管理部门为主的行政监督转变为主要以各级国有资产管理部门为主的产权监督；在企业内部，由职工代表大会为主转变为以企业监事会为主；在社会上，发挥社会专业机构的财务审计监督作用；在党内，发挥企业党组织的政治监督作用；等等。通过这几个方面的监督，初步形成了企业的监督服务体系。

但是近几年一些地方逐步把党内的监督体制机制延伸、移植到了国有企业，造成了国有企业实际上存在着两套监督体系：一套是适应建立现代企业制度要求的、以产权监督为主体的国有资产监督管理的体制机制；另一套是以纪委为主体的党内监督体系。在这两套监督体系中，产权监督逐渐弱化，党组织的监督日益加强，并逐步成为企业监督的主体。两种监督体系的并存，对如何进一步完善国有企业监督体制提出了新的要求。

（五）国有企业用工机制出现凝固化和终身制趋势

经过多年国有企业内部劳动制度的改革、劳动力市场的成熟以及社会保障制度的逐步完善，除了少数垄断行业的国有企业外，大多数国有企业在劳动用工方面，遵照政府有关规定和国家有关法律，已经基本形成了员工能进能出的灵活的用工机制，初步适应了社会主义市场经济和现代企业制度的要求。但是近几年国有企业劳动用工的外部环境发生了重大变化，适应市场经济体制和劳动力市场的灵活的国有企业用工机制逐渐出现了凝固化和终身制的趋势。

首先，2013年新《劳动合同法》的正式实施，虽然在保护劳动者的合法权益方面发挥了重要作用，但同时也给企业尤其是国有企业的用工制度带来了严重影响。最突出的是新《劳动合同法》确立了“无固定期限劳动合同”的用工方式。这项法律规定虽然也会对民营企业、外资企业的用工制度产生一定的影响，但国有企业的性质决定了在本单位连续工作十年的国有企业员工的数量比例比民营企业、外资企业高得多。

其次，近几年我国各种社会矛盾日益突出，维护社会稳定成为各级党委和政府的首要政治任务。随着社会维稳形势和任务越来越严重，各级党委和政府通常把国有企业作为维护社会稳定的基本单位，一旦遇到国有企业需要精减职工、结构调整、企业重组、关闭破产时，国有企业往往就会受到各地政府对保持社会稳定的强大的政治压力，从而使国有企业大量冗员难以精减，企业内部结构难以调整，企业重组难以推进，关闭破产难以实行。

最后，这些年随着我国就业形势的严峻，各级政府更加强调国有企业在解决劳动就业方面的社会责任，把国有企业作为解决社会就业的平台，这对国有企业内部用工制度也造成了相当大的影响。

近几年国有企业外部环境的变化以及国有企业面临的维稳、就业以及其他社会责任等各方面的压力，导致经过几十年艰难改革探索形成的与市场经济接轨的企业内部劳动用工制度和员工能进能出的机制面临着严峻的挑战。

三、继续深化国有企业经营机制改革的建议

针对上述理论和实践中提出的一系列问题，在未来的国有企业内部机制改革上，我们需要进一步解放思想、大胆探索和试验。在实践中，要继续坚持党的十八届三中全会《决定》确立的市场化、国际化的基本方向，坚持经过几十年艰难探索而形成的现代企业制度的基本原则，坚持提高国有企业活力和效率的生产力标准，具体来说，深化国有企业经营机制改革要做到“六个坚持”。

第一，坚持管人、管事、管资产的国有资产管理体制改革的基本方向。国资委在从管资产向管资本转变的过程中，要坚持《公司法》规定的股东会、董事会选择管理者的基本权利，探索党管干部原则在不同产权结构下国有企业的实现形式，进一步探索董事会在选人用人过程中贯彻党管干部原则的有效方式和途径。要解放思想，实事求是，不能机械地认为只有组织人事部门选拔管理干部才符合党管干部原则，事实上国有资产

管理部门、上级产权单位的党组织选择国有企业领导人，也是党管干部原则的一种实现形式。

第二，坚持国有企业领导人市场化改革方向，取消国有企业领导人的行政级别，努力培养一支适应市场竞争的企业家队伍，坚持和不断完善国有企业职业经理人制度的改革，警惕和防止国有企业领导人行政化的倾向。

第三，坚持政资分开、政企分开的方向，坚持建立现代企业制度改革的方向，遵循产权制度改革和混合所有制改革的基本规律和基本要求，在发挥股东会、董事会决策中心的前提下，总结多年来国有企业党组织建设的经验和教训，加强党的基层组织建设，发挥党员的模范带头作用，进一步依据《公司法》，完善企业的法人治理结构。

第四，坚持现代企业制度下以产权监督为主体的监督体系，完善企业内部监督约束机制。同时，积极发挥国有企业党内监督对党员干部的约束作用，防止和消除国有企业领导人的腐败行为。

第五，坚持国有企业领导人薪酬制度改革市场化方向。要高度重视国有企业领导人、高级人才的流失，以及普遍存在的企业领导人动力不足、不作为现象，改革国有企业内部薪酬机制和分配制度，建立与业绩挂钩的长效激励机制，提高国有企业领导人过低的薪酬水平，逐步将国有企业领导人薪酬机制与经理人才市场接轨，调动国有企业领导人的积极性，加快国有企业职业经理人制度的建立。

第六，坚持国有企业内部劳动、工资、人事“三项制度”改革的方向，把“三项制度”改革作为国有企业内部最基本的制度，坚持不懈地深入下去，真正实现“干部能上能下、工资能高能低、员工能进能出”的机制，不断提高企业的活力和竞争力，绝不可半途而废，更不可对现行有效的改革产生动摇。

国企改革的基本思路①

国有企业改革和发展的方向和目标是什么？这成为当下深化国有企业改革在理论和实践上进行重新讨论和认识的最重要的问题。

一、国有企业改革的基本方向和基本目标已大体明确

国有企业改革的方向和目标是同中国改革开放的总目标紧密联系在一起的。40年前，在中国启动改革开放的伟大征程时，国有企业改革的方向和目标并不清晰，在20世纪80年代经过以扩大企业自主权、利改税、承包经营等一系列“摸着石头过河”的不断探索和试验后，随着邓小平同志“南方谈话”和党的十四大的召开，中国确定了社会主义市场经济的改革方向和目标模式，国有企业改革发展的方向和目标才逐步清晰并达成社会共识。从长远来看，虽然说国有企业改革和发展的终极目标还要有一个不断实践的过程，在实践中还需要不断完善和修

① 本文节选自作者2018年7月为深圳创新发展研究院做的内部研究报告《坚持国有企业改革的正确方向》。

正，但经过 20 世纪 90 年代以来国有企业改革实践的深化，国有企业的基本方向和基本目标已经大体上明确了，主要体现在中央先后出台的三个文件中，体现在国有企业改革和发展的微观、中观和宏观三个基本方面。

在微观上，建立适应社会主义市场经济要求的现代企业制度。1993 年党的十四届三中全会审议通过了《中共中央关于建立社会主义市场经济体制若干问题的决定》，第一次把适应社会主义市场经济体制、建立现代企业制度作为国有企业改革的基本方向和目标，明确提出了“进一步转换国有企业经营机制，建立适应市场经济要求、产权明晰、责权明确、政企分开、科学管理的现代企业制度”“建立现代企业制度，是发展社会化大生产和市场经济的必然要求，是我国国有企业改革的方向”。根据这一文件，全国人民代表大会通过了《中华人民共和国公司法》，从而把政企分开、政资分开，实现产权主体多元化，建立法人治理结构，转换内部经营机制作为国有企业改革在微观层次上的基本目标。

在中观上，形成比较合理的国有经济布局和结构。1999 年党的十五届四中全会审议通过了《中共中央关于国有企业改革和发展若干重大问题的决定》，把对国有经济进行“战略性调整和改组，形成比较合理的国有经济布局和结构”作为国有企业改革和发展的目标，提出了坚持有进有退，有所为有所不为，国有经济在国民经济中的主导作用主要表现在控制力上，国有经济需要控制的行业和领域包括涉及国家安全的行业、自然垄断行业、提供重要公共产品和服务的行业，以及支柱行业和高新技术产业中的重要骨干企业等一系列重要方针，进一步完善和明确了国有企业改革和发展方向和中观层次的基本目标。

在宏观上，发展混合所有制经济，改革国有企业，发挥市场在资源配置中的决定性作用。2013 年党的十八届三中全会审议通过了《中共中央关于全面深化改革若干重大问题的决定》，对国有企业和改革的方向目标提出了更为明确的要求，包括混合所有制经济是我国基本经济制度的重要实现形式；国有资本应更多地投向国家安全、国民经济命脉的重要行业和关键领域，重点提供公共服务，发展重要的前瞻性战略性产业，保护生态环境，支持科学进步，保障国家安全；发挥市场在资源配置中的决定性作用，建立公平、开放、透明的市场规则，反对垄断和不正常竞争；等等，从而进一步明确了国有企业改革和发展在宏观层次的长远战略目标。

从以上中央三个文件确定的国有企业改革和发展的三个基本目标和基本方向上看，应该说，经过几十年长期的探索，国有企业改革和发展的方向和目标是清晰的、明确的。中央通过三个文件确定的国有企业改革发展在微观、中观和宏观层次的三个方面的基本目标，大体上可以用“国有商办，保障安全”来概括。所谓“国有商办”，是指国有企业要按照市场经济规律和企业发展规律，实行政企分开，由企业家和职业经理人按照商业运作规律来办企业；所谓“保障安全”，是指国有经济有限作为，主要集中在保障国家安全、经济安全、社会安全和生态安全的领域，凡是对国家、经济、社会、生态方面的安全不造成威胁的，凡是民营经济在“保障安全”方面的功能作用可以替代的，国有经济都应该逐步退出。

二、国企改革认知和实践方面的偏差和挑战

然而，“国有商办，保障安全”这些经过几十年的艰难探索而逐步清晰的国有企业改革发展的基本方向和目标，近几年却渐渐模糊起来。在国有企业前些年盲目扩张、产能过剩的大环境下，国有企业改革发展不仅没有按照中央确定的供给侧结构性改革的方向，没有按“保障安全”的原则对国有经济布局结构进行大规模调整而使国有企业负债率居高不下，与此同时，还在宣传上把国有企业的经济、政治、社会、生态功能过分扩大，使我国多数垄断行业的改革难以有实质性进展。

国有企业改革发展之所以出现“国有商办，保障安全”向“国有官办，做强做大”的方向和目标的偏离，主要是因为这些年来有关部门对国有企业的性质、任务、作用的认识发生了变化。

国有企业改革在经历了几十年的艰难探索后，取得了显著成效，并正按照党的十八届三中全会《决定》的正确方向和目标，处于不断深化的历史时刻，由于复杂的因素影响，在国企

改革和国有经济发展的方向、目标上，从理论到实践方面都出现了偏差和挑战。在未来全面深化改革的新时期，国有企业改革和发展是继续坚持社会主义市场经济的基本方向和“国有商办，保障安全”的基本目标，还是继续大胆探索、大胆尝试，最终实现国有企业改革发展的终极目标，抑或是按照“国有官办，做强做大”的国有企业发展方向和目标，使国有企业改革和发展离终极目标越来越远，甚至回到改革的“原点”和“始点”，是当前国有企业改革和发展面临的新的历史性选择。

三、坚持“国有商办，保障安全”的方向

国有企业改革以“国有商办，保障安全”为基本方向和基本目标，应该说符合中国改革开放和社会主义市场经济改革基本方向，符合党的十八届三中全会《决定》的基本原则和要求，也符合市场经济条件下现代企业发展的基本规律，如能不偏离这个大方向，坚持不懈地深化国企改革，相信经过一段时间的努力，会逐步接近实现国有企业改革的终极目标，形成有中国特色的成熟的国有企业发展的基本制度。

有关国有企业改革的终极目标和基本制度，在几十年国有企业改革的历史过程中，中央根据不同时期的改革任务和要求，曾经提出几个阶段性目标。比如，1999 年党的十五届四中全会通过了《中共中央关于国有企业改革和发展若干重大问题的决

定》，提出到 2010 年国企改革和发展的目标，即“适应经济体制与经济增长方式两个根本性转变和扩大对外开放的要求，基本完成战略性调整和改组，形成比较合理的国有经济布局和结构，建立比较完善的现代企业制度，经济效益明显提高，科技开发能力、市场竞争能力和抗御风险能力明显增强，使国有经济在国民经济中更好地发挥主导作用”。又如，在 2015 年中央《关于深化国有企业改革的指导意见》中，也提出到 2020 年国有企业改革的目标要求，即“到 2020 年，在国有企业改革重要领域和关键环节取得决定性成果，形成更加符合我国基本经济制度和社会主义市场经济发展要求的国有资产管理体制、现代企业制度、市场化经营机制”。

在现阶段，要全面阐述和概括未来若干年国有企业改革和发展的目标，尤其是终极目标，这是相当困难的，我们除了受对现有国有企业改革和发展规律的认知程度和水平的限制，对国有企业改革和发展中的很多问题需要进一步在理论和实践中探索外，更重要的是这些年我们对国有企业改革中一些深层次问题难以进行深入研究和讨论。根据几十年国有企业改革的实践经验和党的十八届三中全会的《决定》，按照“国有商办，保障安全”的基本方向和基本思路，中国国有企业改革的目标或者终极目标，在宏观、中观和微观三个层次上，大体上包括以下三个基本方面。

（一）以发展混合所有制为基本目标，形成国有、民营、外资等多种所有制相互融合、共同发展的基本经济制度

以产权改革为主要内容的混合所有制改革既是国有企业改革的基本方向，也是国有企业改革和发展的终极目标之一。实现这一目标，在理论上要进一步解放思想，坚持共产党领导，坚持邓小平同志的"三个有利于"的标准，破除国有企业和民营企业之间的所有制鸿沟，在提高效率、公平竞争的前提下，不硬性确定公有制经济与非公有制经济数量比例上的限制，不刻意规定市场经济中各种所有制的"主体"或"主导"的地位和领域，为各种所有制的健康发展、为全面深化国有企业改革和发展创造良好的外部环境。从实际工作层面上看，需要在四个方面进行大胆探索和重点突破。

一是在垄断行业的改革上实现真正的突破。垄断是市场经济的天敌，垄断行业的改革是中央确定的重点领域的改革之一，我国的行业垄断基本上是国有企业处于垄断地位，因此垄断行业的改革本质上是国有企业改革的重要内容，也是发展混合所有制经济的应有之义。为此，要解放思想，打破"姓社姓资""姓公姓私""姓国姓民"的意识形态束缚和政治化的影响，除个别极特殊的领域外，在所有的垄断行业应放开准入条件，降低行业门槛，让民营企业参股或控股现有国有企业控制的垄断行业，形成不同所有制公平竞争、共同发展的格局。在带有网络性质的某些自然垄断领域，如路网、线网、管网、信

息网等，推行“厂网分开”“路网分开”“线网分开”“管网分开”等方式，将其垄断性业务与竞争性业务分开，使竞争性环节和业务推向市场，在自然垄断性环节和业务中，也要打破现有国有企业独家垄断的格局，并进行严格的价格管制和质量服务监管。

二是大力发展民营经济。要真正破除对国有企业和公有制的迷信，消除对民营经济的歧视，打破“国有”与“民营”之间的所有制鸿沟，坚持公平与效率原则，毫不动摇地发展民营经济，激发其经济活力和创造力，使民营经济成为国民经济健康持续发展和市场经济体制良好运行的基础。改革开放以来，民营经济凭借自身内在的优势和动力，不仅在企业的数量、增长的质量、取得的效益上超过国有企业，而且在国家和地方GDP、财政收入、就业等方面也将占主要地位。在竞争性市场中应该摘掉企业的“所有制标签”，突破“主体”与“非主体”、“主导”与“非主导”、“姓公姓私”与“姓国姓民”的桎梏，解放民营经济中蕴藏着的极大的生产力，持续保持我国经济的活力和可持续增长的能力。

三是转变政府职能，建立统一开放、竞争有序的市场体系，使市场在资源配置中起决定性作用，提高国有企业资源配置和使用的效率，建立公平、开放、透明的市场规则。

四是健全归属清晰、权责明确、保护严格、流转顺畅的现代产权制度，保护多种所有制经济产权和合法利益，保障各种所有制经济依法平等地使用生产要素，公开公平公正地参与市场竞争，同等受到法律保护。

（二）以“保障安全”为基本底线，优化国有经济布局和结构

优化国有经济布局和结构，应以保障安全为底线，以国家经济社会发展的整体利益为最高原则，不宜使国有经济覆盖范围和领域无限延伸，更不宜支持国有企业盲目扩张；既不追求国有企业做强做大，也不追求国有资本做强做大。所谓保障安全，就是国有资本在一些涉及国家安全、经济运行安全、社会安全、生态安全、科技安全的领域中保持一定的控制力和影响力。而实现国有经济控制力、影响力的形式，除了在极个别特殊领域保持独家垄断、在极少数领域采取控股经营外，在更多的领域，应该采取参股的混合所有制形式，形成不同所有制优势互补、共同发展。具体有以下几个方面。

第一，在保障国家安全领域，包括国防、军工、航天、核技术的特殊应用等领域，国有企业应该采取独资方式，由国家通过国有企业绝对控制。这些领域的研发等某些环节，可以采取事业单位方式，直接由国家有关部门管理和控制，由国家权力直接掌握，保障国家安全。

第二，在保障经济运行安全领域，包括具有自然垄断性质的网络型领域中的电网、管网、气网、信息网、主要的路网等，一定时期内国有企业应该采取控股方式，增加国有经济的控制

力，以保障国家经济的安全运行。但随着这些领域技术条件的变化，以及国家政府管理水平的提高，国有企业也可以采取参股的方式，通过发展混合所有制的方式，保障国家经济运行的安全。为了保障我国金融体系的安全，国有金融资本可以保持必要的控制力和影响力，如对一些政策性金融机构，可以保持国有独资方式；对一些涉及金融安全的金融基础设施类机构，可以保持国有控股的方式。其他处于竞争性领域的金融机构，要打破国有资本的垄断，不设比例限制，在公平竞争、优胜劣汰的环境中，按市场化原则，有进有退，以退为主，为民营和外资金融机构的发展提供广阔的空间。

第三，在保障社会安全领域，主要包括重要的基础设施和公共服务领域，如电力、铁路、供水、邮政、公共交通、供气、粮食等重要物资的筹备等，这些领域的国有企业主要实行混合所有制形式，通过参股和少数的控股发挥国有企业的影响力，以保障社会运营安全和社会秩序的稳定。

第四，在保障生态安全领域，包括重要自然资源的开发保护、重要流域的综合治理、重要区域环境的治理保护、大型综合性水利枢纽等。这些领域的企业虽然可以取得一定的经济效益，但主要是讲求生态效益和社会效益，因此国有企业应该主动进入，加大投资力度。对少数特别重要的生态安全领域，国有企业可以采取控股的方式来经营管理，承担更多的社会责任和生态责任。

第五，在保障核心科技安全领域，考虑到当前我国经济领域主要是工业领域的一些核心技术和关键部件与世界水平差距大，往往受制于一些发达国家，为了保障这些领域的安全，国有企业应该通过控股、参股等方式在这些领域发挥主导和引领作用。对未来前沿领域的一些关键核心技术，比如航空发动机、高性能芯片、复合材料、生物新药、转离机器等，国家可以通过国有企业平台，集中财力、物力、人力，努力攻克难关，推动国家的技术赶超。这些领域的国有企业初期可以采取独资或控股形式，待关键技术取得突破后，在应用阶段将技术逐步推向市场，同时逐步减少股份甚至完全退出，使国有企业既可以发挥保障我国科技领域安全的主导作用，又可以发挥国有企业在促进我国高新技术产业发展和产业升级中的引领作用。

除了上述为保障国家、经济、社会、生态以及科技这五个领域安全的国有企业以外，处于竞争性领域的国有企业，原则上都应该逐步退出。退出的形式可以多种多样，退出的时间可以有先有后，通过国有经济布局的优化，为民营企业的发展提供更广阔的空间，使民营企业和国有企业各自发挥优势，相互融合，共同发展，构成我国社会主义市场经济的坚实基础。

（三）以“国有商办”为基本方向，建立适应市场经济要求和企业发展规律的现代企业制度

经过国有企业布局调整和结构优化后，对需要保留和进

一步发展的国有企业来说，其改革的目标应该是加快企业内部机制全面与市场经济接轨，按照商业规则运作，建立现代企业制度。

把建立现代企业制度作为国有企业改革的终极目标，已经探索和实践了20多年，既取得了很多成功经验，也有不少教训。未来的改革，首先要遏制近几年在建立现代企业制度方面的停滞局面，同时要解放思想，在深化国有企业改革、建立现代企业制度的一些重点环节上不断取得突破。具体来讲，需要在五个方面进行突破。

一是要始终坚持政企分开、政资分开的方向，把国有企业真正推向市场，成为独立的市场竞争主体，纠正当前国有企业行政化、官僚化的倾向，政府各部门主要营造公平竞争的市场环境，依法对国有企业行使行业监管的职能，不干预企业的经营决策和经营活动。

二是国有资产的监督管理部门真正实现从“管企业”为主向“管资本”为主转变，各级国资委主要履行出资人的职能，重点管理国有资本布局，规范资本运作，提高资本回报，维护资本安全，落实和保障国有企业法人财产权和经营自主权，进一步激发企业的活力、创造力和市场竞争力。并通过有效的资本和股权运作，促进国有资本有序进退、合理流动，实现优化布局、保值增值。

三是完善和健全以董事会为决策核心的企业法人治理结构，

提高企业的效率。国有企业法人治理结构中最重要的是处理董事会和党组织的关系，要依法落实好董事会行使重大决策、选人用人、薪酬分配等权利，使之真正成为企业的决策核心。企业党组织主要是发挥政治核心作用，起监督保障作用。

四是建立企业内部的激励机制和动力机制，重点解决好企业领导人和科技管理层的薪酬分配问题，要以市场为导向，在薪酬分配的方式和水平上，与经理人才市场接轨，与经营业绩挂钩，充分调动企业领导人的积极性，并吸引更多的科技管理人才，促进国有企业内部科技管理水平的提高。

五是把企业领导人推向市场，建立国有企业职业经理人制度。企业家是经济活动的重要主体，是企业生产力的第一要素和企业经营发展的第一资源，搞好国有企业，实现国有企业改革的终极目标，归根结底取决于国有企业领导人能否向市场化职业经理人成功转型。因此，要始终坚持市场在配置资源中的决定性作用，坚持社会主义市场经济的改革方向，使国有企业领导选拔任用管理体制和薪酬制度与党政干部的管理体制和薪酬制度脱钩，把企业领导人推向市场，建立国有企业职业经理人制度，利用市场机制，使国有企业领导人逐步转型为真正的企业家，成为市场经济条件下职业经理人市场的重要组成部分。

国企改革八问
——对国企改革若干重大问题的看法[①]

2013年11月，党的十八届三中全会审议通过了《中共中央关于全面深化改革若干重大问题的决定》(简称《决定》)，对新一轮国有企业改革做出了总体规划和顶层设计，为国有企业改革绘出了一幅宏伟的蓝图。在顶层设计中，中央做出了发展混合所有制、实现国有资产管理从管资产向管资本转变、继续坚持政资分开、政企分开等一系列重大改革决策。对此，全国上下欢欣鼓舞，对新一轮国企改革充满着无限的期待。

党的十八届三中全会以来，中共中央国务院及有关部门相继出台了《关于深化国有企业改革的指导意见》《关于国有企业功能界定与分类的指导意见》等“1+N”个文件。如果说党的十八届三中全会的《决定》是国企改革的总体规划和顶层设计，那么从某种意义上讲，有关方面颁发的“1+N”文件则是国企改革的建设规划和施工图设计。

然而“1+N”文件发布后，国企改革却呈现了上热下冷、

① 本文是作者2016年4月为深圳创新发展研究院做的内部研究报告。

里热外冷、官热民冷、部门热企业冷的局面。据了解，这是因为国有企业本身没有主动改革，基本上处于被改革的等待状态，地方政府对中央出台的国企改革文件大多数抱着按兵不动的观望态度，民营企业对参与国有企业改革并没有显示出极大热情，社会上对这些文件的反映也比较冷淡，等等。因此党的十八届三中全会顶层设计的国有企业改革这个庞大的系统工程，仍停滞在建设规划和施工图阶段，迟迟难以全面开工建设。

国企改革之所以形成目前这种被动局面，是因为方案设计方法与施工图方案存在一些问题。

深圳作为改革开放的经济特区，多年来在国有企业改革方面进行了大量的探索，在一些领域为全国提供了宝贵的经验。深圳的国有企业在体制、机制、效益等方面均处于全国领先的地位，受到了国务院国资委的充分肯定。笔者有幸参与了深圳国有企业改革 20 多年的全过程，尤其是在 2003—2010 年，主导和推动实施了深圳市国有企业的企业改制、布局调整、机制转换、资本重组、做强做优做大一批产业集团以及党政机关所办企业划转等一系列的改革，既有成功的经验，也有失败的教训；既有胜利和喜悦，也有挫折和苦恼；既有实践的探索，又有理论的思考。因此，我想根据深圳的实践经验，从以下几个方面对当前国有企业改革一些重大问题谈点认识，提些意见和建议。

一、国有企业改革的方向和目标是什么

党的十八届三中全会通过的《决定》，在国有企业改革的顶层设计中，明确提出了国企改革的方向和目标，即“发挥国有经济主导作用，不断增强国有经济活力、控制力、影响力”。在随后出台的国有企业改革“1+N”文件中，提出“以经济建设为中心，坚持问题导向，继续推进国有企业改革，切实破除体制机制障碍，坚定不移做强做优做大国有企业”，从而把国有企业改革的目标和方向，从立足于宏观的整个国有经济，增加国有经济的活力、控制力、影响力，调整到立足于微观的国有企业，把国有企业做强做优做大。

在关系到国家安全和国计民生的重要领域，做强做优做大一批国有骨干企业是无可非议的，也是可以做到的。但是要把做强做优做大国有企业作为未来国有企业改革的方向和目标，试图把国有企业都做强做优做大，是需要讨论的。

改革开放40年来，我们对国有企业改革方向和目标的问题有一个不断探索、不断深化的过程，这个过程实际上也是一个对国有企业发展规律、市场经济规律不断认识的过程。在20世纪90年代以前，我们认为国有企业改革主要的问题是内部管理和内部经营机制不适应社会主义市场经济的需要，因此，国有企业改革的目标和方向是加强企业管理，转换内部经营机制。实践证明，由于企业的产权不清晰、政企不分开，国有企业内

部经营机制转换是不可能成功的。因此，1993 年党的十四届三中全会在《中共中央关于建立社会主义市场经济体制若干问题的决定》中，提出国有企业改革的目标和方向是建立产权清晰、权责明确、政企分开、管理科学的现代企业制度。当时很多同志认为国有企业只要建立了现代企业制度，所有企业都是可以搞好的，甚至都是可以做强做优做大的。

但是，随着 20 世纪 90 年代我国经济的飞速发展，我们逐渐告别了产品短缺的时代，卖方市场转变为买方市场，国有企业的外部市场环境发生了变化。同时随着我国深化改革、扩大开放的不断深入，民营企业得到迅猛发展，国外资本大批引入，国有企业面对的竞争日趋激烈。当时，大批国有企业尤其是处在竞争性领域的国有中小企业，经营机制不活，债务负担过重，生产经营艰难，经济效益下降，大批企业还不起债，发不了工资。这种情况使我们在国有企业改革的认识上又进一步深化，并且达成了共识，即试图通过建立现代企业制度把国有企业都做强做优做大是理想化的、脱离实际的。

1998 年前后，中央对国有企业改革在认识上有了质的飞跃，并于 1999 年党的十五届四中全会通过了《中共中央关于国有企业改革和发展若干重大问题的决定》，提出国有企业改革必须坚持解放思想、实事求是，着眼于搞好整个国有经济，并决定对国有经济布局进行战略调整，有进有退，抓大放小，并具体到提出 2010 年国企改革发展的目标，即基本完成战略性调整和改组，形成比较合理的国有经济布局和结构，建立比较完善的现代企业制度，使国有经济在国民经济中更好地发挥主导作用。国有企业改革的目标从建立现代企业制度，做强做优做大国有企业，到进行战略调整，搞活整个国有经济，这是中央对几十年来国有企业改革经过深层次的思考后做出的战略性转变。随后十多年国有企业改革和发展的实践证明，中央的决策是十分正确的。

2013 年的《决定》对国有企业改革和发展的方向和目标进行了全面阐述，提出要积极发展混合所有制经济，要坚持政企分开、政资分开，国有资产管理实现从管资产向管资本的转变，国有资本投资运营要更多地服务于国家战略目标，更多投向关系到国家安全、国民经济命脉的重要行业和关键领域，重点提供公共服务，发展重要的前瞻性战略性产业，保护生态环境，支持科技进步，保障国有安全，等等。应该说，《决定》中对国有企业改革和发展的方向、目标、原则的阐述，与十多年前党的十五届四中全会做出的《中共中央关于国有企业改革和发展若干重大问题的决定》是一致的。

特别需要指出的是，国有企业改革和发展在方向和目标上的重点不同，这不仅是理论问题，而且是一个实践问题。在当前落实中央供给侧结构性改革的决策中，在执行中央关于去产能、去库存、去杠杆政策时，国有企业的改革是专注于整体国有经济活力的提高，主动去调整布局，退出已经产能过剩的竞争性行业的劣势国有企业，特别是国有企业中的“僵尸企业”，还是从做强做优做大国有企业出发，主要用优惠政策、行政手段、政府支持、优势企业兼并重组等方法，使经营困难的企业或者“僵尸企业”在未来供给侧结构性改革中生存下来，并在未来进一步做强做优做大？

从国有企业几十年改革和发展的实践来看，试图立足于单个国有企业，把国有企业做强做优做大，在实践上是出现了一些问题的。

从理论上讲，首先，国有资产的性质决定了国有企业经营管理需要层层委托代理，层层监管。这种所有制性质决定了国有企业在做出重大决策时，不可能跟民营企业或其他所有制企业一样。民营企业决策的主体单一、决策程序简化，在变化迅速、竞争激烈的市场经济中，具有敏锐捕捉商机、决策快、效率高的特点，能适应竞争性领域市场变化迅速的要求；国有企业设立繁多的程序和规定，国有企业的经营要经过各种审批程序，受到各项规章制度的约束规范，这大大降低了国有企业的效率，使其丧失了很多良好商机，在与民营经济竞争中处于劣势地位。

其次，国有企业的性质决定了在企业内部动力机制方面不可能和其他所有制的企业相比。民营企业产权清晰、权责明确，企业家具有追求和创造财产、资本并使其增值的巨大动力源泉。国有企业领导人虽然也探索建立动力机制，但实践中根本无法与民营企业家相比。在现有体制上，一家国有企业每年赚100亿元和赚10亿元，对经营者来说得到的报酬基本上都是一样的，这使经营者丧失了企业发展和资本增值的根本动力。

最后，民营企业是在中国改革开放市场大潮中逐步发展起来的，天然就有与市场接轨的、灵活的内部经营机制，员工能进能出，管理者能上能下，工资能高能低。国有企业要承担很多政治责任和社会责任。虽然这些年国有企业进行了劳动、人事、分配三项制度的改革，但要全面与市场接轨，恐怕是难以做到的。

以上这些特征，决定了在竞争性强的领域和行业，国有企业真正能做强做优做大的不多。

在国有企业改革的方向和目标上，深圳的国有企业改革实践为全国深化国企改革提供了经验教训。20世纪90年代初期，深圳的国有企业在探索三个层次国有资产管理体制、建立现代企业制度等方面进行了大量的探索，取得了一定的成绩，为全国的国有企业改革提供了经验。但是，从20世纪90年代后期到21世纪初，深圳对中央提出的国有企业改革方向和目标认识不深，尤其对国有经济布局调整有进有退，对优化结构认识不足，动作迟缓，措施不力，认为只要加强建立现代企业制度，国有企业都是可以搞好的。

因此，在竞争激烈的领域和行业，深圳提出了一系列国有企业做强做优做大的目标，比如在工业领域的建材、轻工等行业提出要建成六个超百亿大型集团，在商贸流通领域提出要学习日本、韩国组建大型综合商社，在房地产企业提出要推进“组龙工程”，等等。21 世纪初，除了能源集团一家企业外，其他处于竞争激烈的商贸、工业等领域的大型企业集团不但没有做强做优做大，反而都难以生存下去。而在一大批竞争激烈领域的大型国有企业垮掉的同时，当时并没有列入超百亿集团、大型综合商社、“组龙工程”的一些企业，主要是城市公用事业、基础设施领域的市属国有企业，如机场、燃气、供水等企业，则随着城市建设和经济发展得到了迅速发展，成为市属国有企业的主力军，真是“有心栽花花不开，无心插柳柳成荫”。深圳在国有企业改革实践中的经验教训，反映了市场经济下国有企业发展的一些基本规律。在市场经济下，国有企业必须找准自己的位置，扬长避短，有所为有所不为，有进有退，试图在各行各业把所有国有企业做强做优做大是不现实的。

2002 年之后，深圳的国有企业改革按照中央的要求，进行了大规模布局和结构调整，对在竞争性领域包括工业、贸易、建筑、服务等行业的大量的劣势国有企业，通过员工持股、改制等方式，转变成了混合所有制企业，实现了国有资产的退出，剩下的少数国有企业主要集中在保障城市基本安全运营的公共服务、基础设施领域。经过十多年的改革发展，近 20 家大型国有企业得到迅速发展，不仅分别保障了城市的供水、供气、交通、能源等关乎国计民生的重要领域，保证了深圳经济的可持续发展，而且大都成为有实力、有影响的大型企业集团，经济效益、质量、活力、竞争力、影响力等方面在全国同行业都保持了领先的地位，真正实现了做强做优做大。

二、组建资本投资、运营公司，能否实现国有资产管理从管资产到管资本的飞跃

国有资产管理体制从管资产向管资本转变，是一个重大的改革，方向正确，并且已达成共识。现在的问题是采取什么方式、进行哪些改革，才能实现从管资产向管资本的战略转变。

根据《中共中央关于深化国有企业改革的指导意见》，主要采取组建国有资本投资、运营公司，并通过授权经营体制，即国有资产监管机构依法对国有资本投资、运营公司和其他直接监管的企业履行出资人职责，并授权国有资本投资、运营公司对授权范围内的国有资本履行出资人职责。建立形成国有资产监管机构—国有资本投资、运营公司—国有投资控股企业三个层次的新的国有资产管理体制，从而在国有资产监管机构和国有资本投资、运营公司这两个层次实行从管资产向管资本的转变。

新构想的三个层次的国有资产管理体制，作为一种体制设计模式可以试验，但这种模式能否成功、能否实现国有资产管理体制从管资产向管资本转变，还有一系列理论上和实践上的问题需要研究和解决。

深圳作为经济特区，从 20 世纪 80 年代开始探索国有资产

管理体制的改革，在不断探索的过程中，有成功的经验，也有失败的教训，这些经验和教训都可以为这次全国国有资产管理体制改革提供借鉴。20 世纪 80 年代深圳在全国率先成立了投资管理公司，90 年代又相继成立了市国有资产管理委员会（国资办）和 3 家资产经营公司，3 家资产经营公司下属投资和管理了 100 多家国有控股的企业，从而形成了国资委（国资办）—资产经营公司—国有企业三个层次的国有资产管理体制。在国资委（国资办）这个层次上，实现了政资分开，实行政府的社会经济管理与国有资本管理分开；在国有资产经营管理公司这个层次上，实现了国有资本监督管理与经营分开；在国有独资或控股的国有企业的层次上，实现了国有资产经营和国有企业运营管理分开。

深圳对这三个层次的资产管理体制的探索，为加强国有资产的监督管理，探索以产权管理为纽带的国有资产监督管理的方式、方法和制度，起到了重要作用，为全国国有企业和国有资产管理体制的改革也提供了宝贵的经验。但是总的来讲，由于受多种因素的影响，这不能说是成功的，更没有实现国有资产管理从管资产到管资本的转变。

因此，2003 年，深圳根据深化国有企业和国有资产管理体制改革中存在的问题，依据国务院《企业国有资产监督管理暂行条例》，对国有资产管理体制进行了调整，撤销了三家资产管理公司，由国资委对市属国有企业直接行使出资人的权利。将原有的国资委（国资办）—资产经营公司—国有企业三个层次的国有资产监管体系，调整为国资委—独资和控股国有企业两个层次。在国资委的层次实现了政资分开、政企分开，由国资委作为出资人，对市属国有企业行使出资人的权利，实现了管人、管事、管资产相结合。深圳国有资产管理体制调整十多年来的实践证明，两个层次的国有资产管理体制优于过去三个层次的国有资产管理体制。

深圳市国有资产管理体制改革的实践，对当前全国国有资产管理体制改革在理论上和实践上应当说是具有启发和重要的借鉴意义的。

从理论上讲，把国有资本的出资人分解为国资委和国有资本投资、运营公司两级，在理论上有一些缺陷，出资人权利的实现过程和形式是可以层层通过委托代理关系来行使的，但委托代理关系并不是并列的两级出资人关系，出资人的终极权利的来源只能是一个。试图通过“科学界定国有资本所有权和经营权的边界”，来划清国资委和国有资本投资、运营公司两个层次之间的出资人权利，也是难以自圆其说的。因为资本经营权本身就是资本所有权的重要内容，所有权和经营权不是并列的两种权利，它是一种授予、委托的关系，对经营权的授权多大，完全是出资人的权利，并且出资人可以根据不同企业、不同时期的需要，随时调整，很难科学界定两者的边界。

从深圳三个层次国有资产管理体制实践来看，两级出资人在权利、责任、管理等划分方面也存在很多实际问题，严重影响了国有企业改革、调整、重组和发展。比如，在国有资产保值增值、防止国有资产流失的责任方面，往往在国资委和资产经营公司两层出资人之间难以划清。在对国有独资、控股企业行使管人、管事、管资产这些出资人权利过程中，国资委和投资公司之间长期处于争执和矛盾之中。在国有资产兼并重组方面，一旦超出资产经营公司的范围，资产经营公司认为国资委干预了它的出资人权利，国资委的工作就很难推动。在国有企业改制、调整、退出过程中，资产经营公司往往从本身的既得利益出发，不愿意推动自己经营范围内的国有企业退出，从而成为国有资本兼并重组的障碍。在这种体制下，对国有独资控股企业来讲，往往形成“老板加婆婆”的格局，增加了管理层次，降低了效率。

根据深圳的实践，我认为，实现国有资产管理从管资产向管资本转变的关键，不在于组建多少个国有资本投资、运营公司，也不在于改革国有资本授权经营体制，而取决于能否在以下三个方面进行根本性的改革。

一是把国有企业真正推向市场。管资本涉及的是资本运作、资本布局、资本增值、资本安全等，不涉及管理具体企业的人、财、物，哪个企业赚钱就投资哪个企业，因此实现管资本的前提是把企业推向市场，所投资企业的人、财、物、资产的经营管理都要按市场规律办事，实行市场化运作。在没有把企业完全推向市场的情况下，无论出台多少管理体制、成立多少投资经营公司，都不可能实现从管资产向管资本的跨越和转变。

深圳三个层次的国有资产管理体制之所以没有成功，主要是因为当时没有把企业推向市场。当时，企业的领导班子由市委组织部管理，企业的重大项目还要层层报投资管理公司、国资委审批，企业薪酬制度还要受市劳动局管理，市国资委、投资管理公司经常还要帮助协调甚至担保企业的贷款等。在这种情况下，国资委与投资管理公司都变成了国有企业管理机构，怎么能实现“管资本”呢?

二是实行彻底的政资分开、政企分开。政资分开、政企分开是多年来中央关于国有企业和国有资产管理体制改革的重要指导思想，近年来虽然在这方面取得了重要进展，但并没有达到预期的目标。目前一些政府部门，比如财政部门对金融企业直接行使出资人权利，宣传部门对文化类企业直接行使出资人权利，即使纳入国有资产管理体系的国有企业，政资、政企关系仍藕断丝连，政府与国有企业的关系既有政府保护国企的一面，也有干预、越权的一面，个别干部还存在安排亲信、以权谋利的一面，一些“僵尸企业”在政府的庇护下长期“僵而不死”，等等。在这种情况下，成立几个国有资本投资、运营公司，国有资产监管部门就能实现从管资产向管资本的转变吗?

三是将国资委转为中国的“淡马锡”。在前述两项改革取得大体成功后，借鉴新加坡淡马锡的模式，调整现有的各级国资委的功能，改变现有国资委作为政府的特设机构性质，国资委人员改变公务员身份，将国资委直接转为资本投资经营公司，即中国的“淡马锡”，不必再重组一批新的国有资本投资、运营公司。

国资委转为中国的“淡马锡”后，对所投资管理的企业，包括产业集团和综合性投资公司、基金公司等直接行使出资人的权利，从市场上选择合格人士委派到投资企业担任董事，国资委主要进行资本的运作，所投企业的人、财、物、资产管理按市场规律运作。对现有极个别所谓纯公益性或关乎国家安全的企业，剥离出国资委，改为政府的法定机构，按照既不同于政府部门，又不同于纯营利性企业，大体相当政府事业单位的方式进行管理。

国资委转型后，新的国资委领导人可以由政府直接任命，各级财政部门作为国有企业、国有资产的最终出资人，只享受国有资产增值分红的权利，每年按一定比例收缴国有资本收益，完全不干预新的国资委的经营和运作。

三、没有合理盈利的公益类国有企业，能提供更好的公共服务吗

这次国有企业改革一个重要的措施，就是将国有企业划分为商业类和公益类，进行分类管理、分类考核。对公益类国有

企业重点考核其提供公共服务、公共产品的质量和效率等，而不强调经济效益、投资回报。我认为这种分类改革的出发点是好的，它强调了国有企业的社会责任和社会效益，目的是维护社会公众利益，为社会提供更好的公共产品和公共服务。但最终结果可能是事与愿违的，既不利于提高国有企业的经济效益，也不利于提高国有企业的社会效益，难以持久地为国家、社会提供更好的公共服务和公共产品。

首先，国有企业是市场经济中的主体，所有的国有企业，无论是公益类的企业，还是所谓商业类的国有企业，要在市场经济中求生存、求发展，都必须要履行社会责任，都要讲求社会效益，服务好社会。尤其是生产消费资料产品的商业类企业，直接面向大众，面向消费者，同样应该做到成本低、质量好、服务水平高、保障能力强，在这些方面做不好的国有企业，不管是公益类还是商业类，都不可能取得市场的认同，也不可能在激烈的市场经济中生存和发展。对一个健康发展的企业来讲，企业的经济效益和社会效益是不矛盾的。

其次，在实践中，很难划分出纯公益类的国有企业。比如提供城市公共产品、公共服务的供水、供电、燃气、交通、机场等从事基础设施的国有企业，是不是公益性企业？从事粮食储存经营、房地产开发、菜篮子工程、农产品市场等保障民生的国有企业，是不是公益性企业？如果把这些企业都划为公益性企业，对它们不考核利润、回报，这和计划经济条件下的国有企业有多大的区别呢？所谓“公益性”企业，首先是市场经济条件下独立的企业，每个企业都应该有合理的利润和投资回报，追求合理的利润和投资回报也是企业加强管理、降低成本、搞好服务、谋求可持续发展的必需手段和内在动力。如果不追求合理的利润和回报，它就没有动力也没有手段去加强管理、降低成本、改善和提高服务水平，并且如果没有可持续发展的能力和动力，那么社会资本是不愿意参加这样的所谓“公益性”企业的股份制改造的。从长远来看，最终受到损害的还是消费者和公共的利益。

20世纪90年代以前，深圳为城市提供的公共服务和公共产品，包括公交、煤气、自来水等城市公共设施，基本上都由国有全资企业经营和管理。当时既没有竞争，价格也低，企业没有合理的利润和回报，主要靠政府的投入维持低水平的运营和服务，在这种情况下，这些企业既没有为市民提供更好的公共服务的意愿，也没有追求可持续发展的动力，企业提供的公共服务水平低、质量差，对此政府、社会和企业都不满意。

20世纪90年代以后，深圳对提供公共产品的企业进行了股权多元化的改革，引进了一批战略投资者，组成了混合所有制企业。其中巴士集团引进了香港的九龙巴士，燃气集团引进了香港的中华煤气，水务集团引进了法国的威立雅，等等。因涉及市民日常生活，这些公共产品和服务的价格不能太高，企业光靠向市民收费不仅不能得到合理的回报，有的甚至连基本的生产经营也难以维持下去。对此市政府出台了相关政策，在对这些企业进行成本考核、服务水平评估的基础上，通过调整价格、财政补贴、土地优惠等方式，给这些企业进行综合补偿，使企业达到一定的合理投资回报率，既满足了企业提高服务水平、扩大服务规模、保障服务质量的需要，又使企业有了可持续发展的能力和动力。

这些年来，深圳从事城市基础设施和提供公共服务的市属国有企业，在提高公共服务水平、保证公共产品质量等方面有了质的飞跃，为深圳的城市发展提供了重要保障，为市民提供了更多的公共服务。深圳的公交、地铁、水务、燃气等企业的服务水平，在全国都处于领先地位。同时，这些企业自身也得到了很好的发展，大部分企业走出深圳，成为国内同行业实力强、效率高、效益好的大型国有企业，真正达到了企业经济效益和社会效益的统一。

综上所述，我认为对一些从事城市基础设施和提供公共产品、公共服务的国有企业，为了促进它们讲求社会效益、提供更好的公共产品和公共服务，不宜采取简单地划分公益类的方式，更不宜采取不考核经营业绩和利润水平的方式。可以采取以下措施。

一是对个别涉及国家战略和安全的中央国有企业，如军工、航天等，这些企业不用考虑国内市场竞争和合理的投资回报，可改造成既不同于政府部门又不同于企业的法定机构，由政府有关部门大体上参照现有政府对事业单位的管理体制机制办法进行直接管理。

二是对于提供公共产品、公共服务的国有企业，可以通过产权多元化的手段，实行混合所有制改革。实际上混合所有制企业在很多情况下提供的公共服务水平比国有独资企业还要好，因此，这些企业一般不采取国有独资企业的方式，对少数企业甚至国有资本不一定控股。过去我们总认为，只有国有独资或控股，用股权的手段才能保护好消费者的利益。实际上，是否有利于国家和消费者的利益，关键在于政府的监管是否到位，而不在于企业产权的比例和企业所有制性质。倘若监管不到位，即使是独资的国有企业也不能很好地维护消费者的利益和国家的经济安全。

三是对于提供公共产品、公共服务的国有企业，要给予合理的回报，使它们有改善服务水平、提高服务质量的条件和能力，也有追求可持续发展的动力。一些提供公共产品、公共服务的国有企业，由于涉及市民的基本生活水平，价格不能定得太高，企业仅靠政府确定的价格不能弥补成本，达不到合理的利润水平。在这种情况下，政府应当根据合理的利润水平，通过财政、土地、税收等多种方式给予补偿并建立一套稳定可靠、补偿合理、公开透明的补偿机制，使企业经营能够有合理的回报。这种补偿方式可以是多样的，从深圳的经验来看，有的可以采取直接的财政补贴，如对公交企业按照成本规制确定合理的回报率；有的采取土地价格优惠，如对水务集团的主业用地减免地价；有的可以采取综合补偿的方式，如给予地铁集团上盖物业的综合开发补偿。

四是政府有关部门按照法律法规，加强对这些领域的国有企业进行行业监督和监管。为保障这些企业为社会提供更好的公共产品和公共服务，不仅要按照国家有关部门制定的《关于国有企业功能界定与分类的指导意见》（简称《指导意见》），由国有资产监督部门对成本控制、产品服务质量、营运效率和保障能力等指标进行考核，而且要通过各级政府部门按照法律法规，加强对这些国有企业的行业监管。国有企业要严格按照政府行业部门的要求，模范地执行政府的各项法律法规，接受政府和社会的监督，履行好社会责任。

四、健全国有企业法人治理结构的核心是什么

建立和健全国有企业法人治理结构，是国有企业建立适应市场经济的现代企业制度最重要也是最难的一个问题。经过30年国有企业改革的实践，虽然在国有企业领导体制和法人治理结构方面进行了大量的探索，取得了一些进展，但总体来说，还没有从理论上和实践上探索出一套国有企业法人治理结构比较成功的模式，现有的国有企业法人治理结构没有完全与市场经济相适应，也没有完全与国家有关法律法规相衔接。因此，

《指导意见》中把健全公司法人治理结构作为深化国有企业改革的重要内容，并提出包括充分发挥董事会的决策作用、经理层的经营管理作用，切实解决一些企业董事会形同虚设的问题，保障经理层自主权，加强董事会内部制衡约束，建立国有企业领导人员分层管理制度，等等。应该说，这些改革措施可能都会起到一定的积极作用，在当前也是必要的。

但是，《指导意见》提出的这些措施，从深圳几十年国企改革的实践来看，出现了一些问题，需要进一步解放思想，大胆探索，寻找更大的突破。

一是国有企业董事会建设从根本上讲不是技术层面问题，也不是纯理论问题。《指导意见》中讲的董事会结构的比例、董事会表决制度、董事考核评价等操作层面的改进，深圳若干年前都做到了，但这些措施对企业法人治理结构的完善只能治标不能治本。

二是试图用划清并保障经理层经营自主权的方式来解决董事会与经理层的矛盾，从理论上和实践上都是难以成立的。从理论上讲，在企业内经理层是没有独立的经营自主权的，董事会代表股东的利益，受股东委托聘任经营班子，经理层在董事会授权下从事经营管理工作，每个企业董事会都会根据企业发展的不同阶段、不同情况，决定授予并随时调整经理层管理的权限，不存在划清并保障经理层自主权的问题。

自从 20 世纪 90 年代以来，在国有企业改革中，一直都试图通过在现有企业干部管理体制下，划清董事会和经理层之间的权限，以解决董事长与总经理之间的矛盾，但实际上基本上都没有达到比较好的效果。

三是《指导意见》中提到的企业领导人员分层管理制度，在企业领导班子中实行选任制、委任制、聘任制同时并存的不同的选人用人方式，这种在干部选拔、使用、薪酬中实行双轨制、多轨制的措施改革力度小、操作烦琐，容易引起内部各种矛盾，不利于调动整个管理团队的积极性。

从深圳几十年国企改革的实践来看，在完善法人治理结构的改革中，容易改的都改了，技术操作层面的措施也大体上都做了，下一步关键是大胆进行企业干部管理体制改革，核心是企业经理人的市场化问题。现在国有企业的生产要素大都已经市场化，基本上与市场经济接轨了，而最重要的生产要素——企业的经理人没有市场化。企业经理人的选择权并没有交给董事会，由董事会根据企业的发展需要，从市场中按照市场机制选择和聘任，逐步形成职业经理人制度，并按照市场价值，对职业经理人实行与业绩挂钩的薪酬制度，而是由有关组织部门用行政的手段，按照党政领导干部的标准和选拔程序在内部选任、委任，这是造成法人治理结构存在一系列问题的一个原因。

企业经理人市场化的改革要解放思想，正确理解和大胆探索国有企业党管干部原则在企业的具体实现形式，真正把党管干部原则与产权单位、董事会依法选择经理人结合起来。我认为，按照党对国有企业负责人的标准和要求，由董事会自主在经理人才市场选择、聘任合格的经理人才，保证国有企业的经营发展不违背党的路线与政策，以及国家、政府的法律法规，把国有企业经营发展好，这就是党管干部在企业最好的实现形式。在企业落实党管干部的原则，并非要由上级党的组织亲自去考核、选择、管理每一个具体的企业负责人。

当然，董事会也有可能选错人。为此，上级党组织和产权单位要加强董事会的建设，要选好董事长，确定经理人选拔的标准和选聘的程序，并加强对董事会选人用人过程的监督。退一步讲，在实践中如果发现董事会在选拔和聘任经理人的过程中严重违背党组织确定的用人标准和聘任程序，上级党的组织部门或产权单位完全可以通过调整董事会和改组董事会的方式来纠正。

改革开放以来，深圳在市属国有企业领导班子建设和公司法人治理结构完善方面进行了大量的探索，早在 20 世纪 90 年代，深圳就依据《公司法》，在全国率先出台了《深圳市公司董事会工作暂行规定》《深圳市公司经理工作暂行规定》等规章制度，对规范公司法人治理结构的运作起了积极作用。尤其是 2003 年以来，市国资委在实现了产权主体多元化的企业内，聘请了大量的外部董事，使外部董事在董事会中占半数以上。另外，积极推进经理人才市场化的改革，市国资委多次公开招聘大型国有企业的总经理、副总经理，在董事会内部建设方面也做了大量的工作。2010 年左右，市国资委把市属国有企业的副职管理权限下放给董事会，由董事会按照市场化的原则进行选拔并直接聘任。当时在下放副总经理管理权限、实行副总经理选择市场化时，有些同志有顾虑，但实践证明，这些年来深圳把市属国有企业副总经理的选择聘任市场化后，不仅从市场上选择了一批优秀的管理人才，而且树立了良好的用人风气。如果深圳下一步国有企业改革，能够把总经理的权力也下放给董事会，实行总经理的选择聘任市场化，那么国有企业法人治理结构建设中的主要问题就从根本上解决了。

五、最高 60 万元的年薪能调动国有企业领导人的积极性吗

国有企业薪酬制度的改革是深化国有企业改革的重要内容，尤其是企业领导人薪酬制度的建设，事关企业发展的基本动力。在计划经济条件下，国有企业内部在分配上实行平均主义，随着国有企业逐步与市场经济接轨，企业内部的分配制度也发生了根本性的变化，企业员工的工资逐步与劳动力市场接轨，企业领导人的薪酬也逐步与高级经理人才市场以及企业业绩挂钩，并积极探索企业负责人与企业长远发展挂钩的长效激励机制。

但是由于种种原因，个别国有企业领导人，尤其是央企中金融企业缺乏产权单位的约束，在领导人薪酬方面出现了失控现象，个别领导人年薪达几百万元甚至上千万元，脱离了市场

水平，脱离了我国的国情，脱离了群众，引起了社会的强烈不满。在这种情况下，中共中央政治局审议通过了《中央管理企业负责人薪酬制度改革方案》，随后各地也相继出台了有关国企领导人薪酬改革的意见。

《中央管理企业负责人薪酬制度改革方案》规定，央企领导人的年薪由三部分构成，其中基本年薪不超过本企业员工平均工资的两倍，绩效年薪不超过基本年薪的两倍，奖励年薪不超过总年薪的 30%，按照这个方案，央企领导人的年薪总水平最高在 60 万元左右。中央和地方国企薪酬改革文件出台后，在国有企业内部引起了强烈反响。一批民营企业借机集中到国有企业来挖优秀人才，已经有一部分优秀的国有企业人才流失了，国有企业领导人的积极性普遍受到了严重挫伤，给国有企业的长远发展造成了影响，应该引起国家有关部门的重视。

当然，由于受国有企业的性质以及社会承受力的影响，国有企业领导人的薪酬水平近期还不能完全达到市场化水平，更不能像以前个别金融类企业领导人那样拿几百万元、上千万元薪酬。国有企业领导人作为一个利益群体，承担着国有企业改革和发展的历史责任，相当多领导人有着深厚的教育和实践背景，是社会经济精英阶层的重要组成部分，他们应当有自己的合法权益，有自己正当的物质利益追求，也有高昂的现实生活成本压力。对一些国有企业领导人来说，没有合理的薪酬以及激励体制，没有物质利益的动力，要充分调动他们的积极性是不现实的。

我认为，中央和地方出台的国企薪酬改革方案存在以下三个缺陷。

第一，确定薪酬的基本依据不科学，不符合社会主义市场经济规律的要求。在市场经济条件下，企业员工的工资水平主要受劳动力市场决定、影响和调节，与社会平均工资挂钩。企业负责人薪酬水平应当受经理人市场的影响和调节，与经理人市场薪酬水平挂钩。同时，考虑到经理人才在企业的特殊作用，企业经理人的薪酬往往也要同企业的绩效业绩挂钩。在这方面，1999 年中共中央在《关于国有企业改革和发展若干重大问题的决定》中已经做了非常明确的规定，指出“建立与现代企业制度相适应的收入分配制度，在国家政策指导下，实行董事会、经理层等成员按照各自职责和贡献取得报酬的办法；企业职工工资水平，由企业根据当地社会平均工资和本企业经济效益决定，企业内部实行按劳分配原则，适当拉开差距，允许和鼓励资本、技术等生产要素参与收益分配”。

而《关于深化中央管理企业负责人薪酬制度改革的意见》中，提出国有企业领导人基本工资不能高于本企业平均工资的两倍，绩效工资不能高于企业平均工资的四倍。这样挂钩带来的结果，要么是国企领导人薪酬水平过低，要么是诱导国企领导人通过提高本企业员工平均工资水平的方式，来达到提高经营者薪酬水平的目的。

第二，按照规定计算的国企负责人的薪酬水平大大低于经理人市场的实际水平，企业经理人的合法权益和合理报酬受到了严重损害，不利于调动企业负责人的积极性。按照现在的有关规定计算，央企领导人的年薪包括基本工资和绩效工资，低位为 56 万元，高位为 64 万元。而且绩效工资要到年底根据考核结果，并且完成任务后才能支付，企业领导人当月只能领取七八千元的基本工资。对一些企业领导人来说，如果没有以往的积累，在大城市连普通的个人住房抵押贷款都付不起，甚至连体面的生活都难以实现，怎么能调动他们的积极性呢？国有企业优秀人才怎么能不流失呢？

同时，国有企业负责人的薪酬与企业的业绩基本上不挂钩，一个国有企业实现年利润 1 亿元和实现 10 亿元、100 亿元，年薪报酬基本一样，企业负责人能有动力为企业带来更多的效益吗？建立企业激励和约束机制是相辅相成的，没有合理的激励机制，约束机制也不能真正建立，光靠强力行政手段建立的约束机制也是不可能持久的。

第三，《关于深化中央管理企业负责人薪酬制度改革的意见》提出国有企业领导人实行与选任方式相匹配的差异化薪酬分配办法，即市场化选聘的干部实行市场的薪酬，组织任命的干部实行内部薪酬，这种所谓与选任方式挂钩的差异化分配制度，也许在当前有一定的道理，但不能作为长期的企业薪酬制度和机制实施。

一方面，企业负责人的薪酬制度从根本上讲应当同他的岗位、能力、业绩及经理人才市场水平相联系，与选任的方式和程序没有太大关联。一个企业团队中，成员之间的薪酬水平应该有差别，但这种差别的依据是岗位、业绩和对企业的贡献，而不是依据聘任的方式。

另一方面，若一个企业高层管理团队采取多种任用的方式和薪酬制度，造成高低差别很大的薪酬水平，势必会产生很多不公平、不合理的现象。尤其是在这种所谓差异化薪酬分配下，企业最重要的岗位——董事长、总经理的薪酬水平往往远远低于从市场招聘来的副职，甚至低于部门中层负责人的薪酬水平，这样就会产生大量的内部矛盾，既不利于调动个人的积极性，又不利于很好地发挥团队的整体功能和作用。

综上所述，有关部门和地方出台的有关国企负责人薪酬制度改革意见，在实践上已经造成负面影响，也不符合中央多年来关于国企改革政策的连贯性。

六、地方国企改革只能照央企改革照葫芦画瓢吗

改革开放以来，中央国有企业的改革和地方的国有企业改革历来都是在中央的大政方针指导下，根据企业的投资关系和产权关系，由国务院有关部门和地方政府两个层次，在两个相对独立的运作体系中进行的，改革的主体分别由国务院有关部

门和地方政府来承担，并相应承担各自的改革责任。

实践证明，分两个层次推进国有企业改革，既适应了中国国有企业数量多、规模大、情况复杂的特点，承认地方政府投资办企业的实际利益，又有利于调动地方推动国企改革的积极性，鼓励地方大胆探索和积极创新，为央企的改革提供了经验。同时也强化了地方政府对国有企业改革的责任，“谁家的孩子谁家抱”，有利于处理在改革过程中的稳定问题。

但是这种分层次主导国企改革的格局，近些年悄悄地发生了变化。自从国家和有关部门出台了关于深化国有企业改革的“1+N”个文件后，国家在出台每个具体的改革方案和改革意见的同时，都要求地方按照中央有关部门的要求相应出台有关方案和文件。比如要求地方也要对国有企业进行分类，要求地方也要组建投资、经营公司，要求地方也要出台国有企业负责人薪酬制度改革方案，等等，并且在方案的出台和实施方面往往还有时间要求。这种做法不利于调动地方国有企业改革的创造力，不符合因地制宜分层次推动国有企业改革的原则要求。我认为，在贯彻党的十八届三中全会有关国有企业改革大政方针的前提下，应当根据各地的情况，地方政府应当有国有企业改革的自主权和相对独立性，不能完全按照央企的改革方案和方法来推进地方国有企业的改革。主要有以下几个原因。

第一，根据国家有关法律法规和政资分开的原则，我国的国有资产按投资关系，由国务院和地方政府分别行使出资人权利，地方政府作为地方国有企业的出资人，对地方国有企业的改革应当有主导权，国务院有关部门和地方政府在国有资产管理上只是指导关系，不能将指导关系变成上下级的行政领导关系，否则又可能要回到计划经济条件下国家和企业的关系。

第二，央企和地方国有企业在规模、结构上存在巨大差别，地方国有企业大多数已经退出了竞争性行业，剩下国企的大多数分布在公共服务、基础设施领域，并且数量不多，规模也不大。因此，地方的国企改革应当由地方自主进行，允许特殊性，不能完全照搬央企的改革。比如，考虑到地方国企中基本上没有关系到国家安全和国家战略的大型企业，可以不要求地方政府将国有企业划分为公益类和商业类；又如，地方国有企业的规模很小，数量不多，由地方国有资产监督管理部门直接行使企业出资人权利即可，没有必要再成立资本投资、经营公司；再如，这些年来，地方国有企业在机制转换、与市场经济接轨方面已经形成一套适应地方情况的国有企业监督管理的体制机制，也不要照搬央企的办法去轻易改变；等等。

第三，地方国有企业的改革和发展目标与央企也不一样。经过多年的结构和布局调整，地方国有企业多数处于城市基础设施和公共服务领域，因此地方国有企业改革要重视“活力”和“保障力”。所谓“活力”，就是加快国有企业内部机制的转换，保持国有企业的活力，提高对市场经济激烈竞争的适应力。所谓“保障力”，就是要求从事城市基础设施和公共服务领域的国有企业，在取得合理的利润回报的同时，履行好社会责任，提高服务水平和质量，保障一个城市、一个地区经济社会发展的正常运行。

在强调中央给地方放权的同时，各级地方政府应该克服不作为的消极状态。在国有企业改革上，地方政府也不能完全按照央企的改革照葫芦画瓢，而是要按照中央对国有企业改革的总体要求，根据实际情况大胆探索、勇于创新。地方国有企业规模小，机制灵活，对地方国有企业进行改革完全有可能有所作为，为央企的改革提供经验。尤其像深圳这样的城市，多年来国有企业改革一直走在全国前列，已经形成了一套适应深圳地区情况的国有资产监管、国有企业发展的体制机制。深圳的国企改革不应该吃老本，而应该向新加坡淡马锡学习，国资委率先进行职能转变，实现从管资产向管资本的跨越，为全国的国有企业改革继续提供经验，做出新的贡献。

七、深化国有企业改革还需要那么多的试点吗

国有企业改革已经进行了几十年，国务院国资委成立也已经十多年了，在国有企业改革方面已经进行了大量探索，积累了相当多的经验。现在需要的是按照中央的要求，除了极少数改革内容可以试点外，大多数改革内容应当根据几十年形成的成功经验，大胆实践，全面推动，重点突破，力争使中央确定

的改革任务尽快落实，尽快见效。

剥离企业办社会职能和解决历史遗留的问题。这项改革我们已经进行近 20 年了，国有企业在 20 世纪末就进行了大规模的结构调整，抓大放小，积累了相当丰富的剥离社会职能的经验，形成了一套政策、体系和具体措施，现在根据新的情况进行适当调整和完善，就可以全面推动了。

董事会职权试点问题。2005 年左右，国务院国资委选择若干家企业试点，出台了一套试点的意见和方案，现在试点企业已经有几十家了，很多企业积累了相当成熟的经验，一些做法通过制度化完全可以在央企进行推广。

央企兼并重组试点。十多年来，央企不断进行大量的企业兼并重组，央企数量已经从 130 多家减少到 100 家左右，现在需要兼并重组的企业，直接抓好推动落实就可以。

市场化选聘经营管理者试点。十多年来，国务院国资委多次在全球公开招聘若干大型企业的高级经营管理者，现在还需要再进行市场化选聘经营管理者试点吗?

混合所有制的改革试点。改革开放 40 多年来，混合所有制基本上已经成为我国经济的主要组织形式，除部分央企还保留着国有独资外，大量的央企和绝大部分地方国企早已实行股份制改革，实现了向混合所有制的转变，现在推动混合所有制改革还需要试点吗？即使在所谓电力、民航、电信等行业推行混合所有制，只要下决心完全可以整体推进。

国有企业信息公开工作试点。央企和地方国有企业中已有上千家国有控股的海内外上市公司，这些上市公司，按照国务院有关监管部门的要求，每时每刻都在进行大量的信息披露、财务公开，在这种情况下，国有企业的信息公开还需要改革试点吗？

八、国企改革不突破，供给侧结构性改革能成功吗

最近，中央对宏观经济政策的方向和经济体制改革的重点做出战略调整。国家从主要通过出台刺激需求政策，拉动经济发展的需求侧管理，转变到以供给侧结构性改革为中心，结构调整，转变企业的增长方式，为国民经济持续发展提供体制、机制、结构等方面的保障，并把供给侧结构性改革作为“十三五”乃至未来相当长一段时期内经济体制改革的重点和关键，出台了去产能、去库存、去杠杆、降成本、补短板等一系列重大改革措施。我认为这是非常正确的决策。

有关方面的资料表明，当前我国产能严重过剩、库存严重积压的八大行业，除了部分是民营企业外，大部分集中在国有企业，大量的所谓“僵尸企业”构成中，也主要是国有“僵尸企业”。为什么国有企业出现那么多严重过剩的产能、大量的产品库存积压？除了在发展方面全球市场发生变化，在改革领域政府职能转变没有到位、市场竞争机制没有完善等原因外，我认为最重要、最根本的是近些年来国有企业改革缓慢造成的。

改革开放40年来，党中央、国务院把国有企业改革作为经济体制改革的中心环节，并根据不同时期国有企业、国有经济存在的问题，进行了多轮重大改革，其中20世纪80年代提出了“转换企业经营机制”，90年代初提出了“建立现代企业制度”，90年代末提出“结构调整，抓大放小”，将国有企业“集中在关系到国民经济命脉的重要行业和关键领域”。2000年以后，政府开始进行国有资产的管理体制改革，实行政资分开、政企分开，同时对企业内部的管理体制机制等方面进行了一系列改革。通过多年的改革，尤其是通过20世纪末、21世纪初国民经济布局调整，抓大放小，既提高了国有经济的影响力、控制力，也为民营经济的发展创造了更广阔的空间，保证了我国国民经济的连续十多年的高速增长，对我国成为全球第二大经济体起到了决定性的作用。

通过多年来不断深化改革，国有企业管理体制和经营机制发生了深刻的变化，并逐步同市场经济相融合，国有企业逐步成为市场竞争的主体，涌现了一批具有核心竞争力的大型骨干企业，为国民经济的发展做出了重要贡献。但是，在分享我国经济十多年高速增长成果的同时，在国有企业改革取得重大进展的同时，在国有企业摆脱了困境进入快速发展的过程中，这些年我们“好了伤疤忘了疼”，局部的改革方面特别滞后。

比如，这几年国有企业不再提重点集中在关系国民经济命脉的重要行业和领域，而是全面进入国民经济各行各业，包括大量的竞争性行业，国企大量涌入钢铁、煤炭、水泥、玻璃、铁矿石、有色金属、房地产等行业，国有经济分布过宽，整体素质不高，资源配置不尽合理。加上国有企业内部决策机制不能适应市场变化的需要，对大量的产能过剩不能及时地根据市场情况调整、退出、转型，从而形成了目前大量的过剩产能，不仅使国有企业的发展背上了沉重的包袱，付出了极大的代价，也为中国经济发展带来了严重后果。此外，由于国有企业没有形成能进能退、能生能死、优胜劣汰的退出机制，加上国有企业内部机制转换不到位，国有企业用人多、成本高、效率低、竞争力差，在产能、产品已经大量的过剩积压、严重亏损的情况下，不少国有企业仍然靠着政府的支持、银行的贷款，勉强生存，形成了大量“僵尸企业”。

对于国有企业出现的上述问题，政府的改革不到位也是重要原因。近些年来，一些地方政府没有坚持政资分开、政企分开的改革方向，投了大量的政资不分、政企不分、以获取银行贷款为主要目的的金融投资平台公司，增加了地方政府的债务和金融风险。国家有关部门和一些地方政府还以各种借口和理由，或者对社会资本设定门槛，或者用行政手段破坏公平竞争的市场规则和市场环境，以保护国有企业的垄断地位，当前国有企业大量产能过剩项目，大都是政府有关部门用计划经济的手段审批出来的。

深圳市各区经过十多年的努力，才把区属国有企业基本改制退出，但近些年，又以各种名义办了一批所谓投资公司、开发建设公司，并且基本上没有按照国家有关要求将这些企业纳入国有资产管理体制进行规范严格的管理，存在极大的潜在经营风险。

因此，落实中央关于供给侧结构性改革重大决策，最重要的是坚持国有企业改革的正确方向，加快国有企业改革，真正从体制机制上对国有企业、国有经济的结构动手术，消除我国当前产能过剩、积压严重、库存膨胀、结构失衡等问题。通过深化国企改革，加快国有经济布局的调整，使处于劣势的国有企业从竞争性领域快捷、平稳、有序地退出，形成资本能进能出、企业能生能死的自我动态调整机制，从根本上消除大量的国企“僵尸企业”存在的根源；同时加快国有企业内部决策、经营机制的改革，降低生产成本，提高企业活力，使之更能适应市场竞争的需要，使我国的经济在新的基础上实现协调、健康、有序地发展，确保供给侧结构性改革取得成功。

如果在供给侧结构性改革中，国有企业改革不能取得突破，产生产能过剩的深层次原因不能得到根本解决，仅仅是各级政府采取行政手段，用政府补贴、优惠政策等方式，通过兼并重组等方法，暂时缓解结构失衡的矛盾和困难，在过剩产业产销之间取得暂时的相对平衡，结果只是治标不治本，从长远来看，可能会给我国经济的发展留下隐患。

如何为民营资本参与国企改革创造更好的环境[①]

在新的一年里，社会各界都希望改革取得更大进展，特别是国有企业改革，因为国有企业改革是中国经济体制改革的核心环节。2015 年 9 月，中共中央国务院印发的《关于深化国有企业改革的指导意见》，明确了国有企业改革下一步的方向，是新时期指导和推进国有企业改革的纲领性文件。虽然大家对这个文件的解读和认识并不完全一样，但总的来说，它为下一步的国有企业改革提出了一系列的改革目标和举措，为深化国有企业改革提供了依据。

《意见》当中非常值得肯定的有两点。

一是继续坚持把发展混合所有制经济作为我国经济制度的基本目标，提出坚持公有制主体地位，发挥国有经济主导作用，积极促进国有企业、集体企业、民营企业交叉持股，相互融合，相互促进，共同发展。我认为这个提法非常好，坚持了股份制改革和市场经济这个基本方向。

① 本文原刊于《财经》杂志，2016 年第 39 期（总第 455 期），原题为《民营资本与国有企业改革》。

严格来说，混合所有制的提法不是一个新理论，在20世纪80年代国有企业改革刚刚起步时，就提出了国有企业改革的目标是公司制改造，实行股份制。由于当时大家对股份制不大理解，西方有些学者把股份制与私有化作为同义词，因此有一段时间，我们把国有企业改革的方向定为国有企业产权主体多元化。再后来，随着国有企业改制上市与证券市场的发展，国企改革又提出实现社会投资多元化、证券化等方向。现在《意见》又有了新的概括，把国有企业改革方向定为混合所有制。上述这些提法虽然不同，但基本含义是一样的。

在实践中，混合所有制发展在各个地方不完全一样，国有企业混合所有制的一些改革任务在一些地方——比如深圳——十年前就基本完成了。但是就全国来讲，继续推进混合所有制是非常有意义的。尤其是对于央企、垄断性行业的国企，混合所有制改革的意义更加重要。中央提出发展混合所有制，这说明国有企业改革继续坚持了产权主体多元化的基本方向，国有企业在产权改革方向上没有发生大的逆转，为继续推进国企改革提供了重要的依据。

二是提出了完善国有资产管理体系，实现国有资产管理从管资产向管资本转变。从一定意义上讲，这是国有企业改革在理论上和实践上的一次质的飞跃。如果真能实现使国资委从管企业、管人、管事、管资产向管资本转变，那将是国有资产管理体制的一个重大突破。

国有企业改革的上述两个基本方向，不仅为国有企业改革和发展提供了基本方向和依据，也为民营资本的发展提供了广阔的空间和历史机遇，民营资本将在中国经济发展、国有企业改革中发挥越来越重要的作用。

首先，民营资本是混合所有制改革的黏合剂。通过民营资本和社会资本的参与，可以打通各种所有制资本融合的通道，让公有制和非公有制实现你中有我、我中有你，并为混合所有制改革提供资金支持。

其次，民营资本投资也是国有资产管理从管资产向管资本转变的桥梁。民营资本通过多种形式，尤其是通过股权投资基金的方式，利用它在资本市场和投资产业链上的优势，使国有资本通过股权运作、价值管理，有序进退，更好地促进国有资本合理流动，实现保值增值，促进国有企业从管资产向管资本转变。没有大量的民营资本、社会资本的股权投资，就不可能实现国有资产资本化、证券化、市场化，国有资产管理就不可能真正实现向管资本转变。

我们说混合所有制的改革和国有资产管理体制的改革为民营资本的发展创造了广阔的空间，这只是理论上的。在实际工作中，《意见》发布几个月以来，民营资本参与国有企业改革不热情，积极性不高。到目前为止，并没有形成大量民间的、社会的股权投资基金涌向国有企业，促进混合所有制改革迅速发展的局面。为什么？我觉得主要问题不是民营资本、社会资本本身的问题，也不是资金不足的问题，而是国有企业改革自身的认识、理论、思想、政策等方面的问题。

因此，只有进一步解放思想、实事求是，进一步厘清改革思路，为民营资本、社会资本参与国企改革创造更好的环境和条件，才能更好地发挥民营资本在国企改革中的作用，也才能更好地促进混合所有制发展和实现国有企业从管资产向管资本转变。

围绕民营企业参与国有企业改革，有哪些认识和理论问题需要我们进一步解放思想、实事求是地解决？从深圳国企改革的实践来看，我认为有十个方面的问题需要进一步深入研究和大胆探索。

一、增强民营企业家的安全感

近年来，中国越来越多的有钱人移民到美国、加拿大、澳大利亚等发达国家和地区。据有关研究报告，资产上亿元的民营企业家中移民或转移资本的所占比例还是相当高的。不管是移民也好，转移资本也罢，其原因是多方面的，如国外的教育、医疗、环境、食品安全、养老保险等。

实事求是地讲，改革开放以来，党和国家对待发展民营企业在理论上和政策上已经取得了非常大的进步，民营经济从过去社会主义经济的补充，到成为社会主义市场经济的组成部分和社会主义经济发展的重要基础，尤其是近些年中央也多次提出来“两个坚定不移”等，但是对民营企业、民营企业家在党和国家政治生活方面的定位还不明确。比如，《意见》中非常明确地提出，国有企业是党和国家事业发展的重要的物质基础和政治基础，这毫无疑问是对的。但是文件没有明确民营企业、社会资本在党和国家事业发展中的政治地位。

我认为，经过40年的改革开放，民营经济事实上已经成为党和国家事业发展的重要的物质基础和政治基础。比如深圳市作为全国改革开放的窗口，民营经济发展迅猛，无论在深圳市的税收收入、企业数量、就业员工，还是GDP总量方面，民营企业都已经占绝对优势。在深圳的经济发展中涌现了一大批没有国有资本参股的国内外知名大型民营企业，如拥有17万名员工的华为、拥有18万名员工的比亚迪、拥有35万名员工的顺丰等。这些企业都是深圳乃至中国经济的顶梁柱。目前在深圳民营企业工作的共产党员有20万名，民营企业基本上都建立了基层党组织，有些民营企业家本身也是共产党员。在市委的领导下，深圳市两新工委通过加强民营企业基层党组织建设，发挥党员先锋模范作用，大大地巩固了党的执政基础。在深圳，民营企业家担任市人大代表、政协委员的有150多位，担任全国人大代表、政协委员的有几十位，他们在人大监督、参政议政等方面，为深圳的政治文明、民主法治做出了贡献。从深圳改革开放的历史和经济社会发展的实践来看，民营企业实际上既是党和国家事业发展的物质基础，也是党和国家事业发展的政治基础。

需要指出的是，深圳市场经济发展比较成熟，在深圳民营企业家群体当中，有的是来自最基层的打工者，有的是下海创办科技企业的科技人员，有的是在国有企业工作过的营销人员、管理人员，有的是下海创业的党政机关工作人员，他们在激烈的市场竞争中奋力拼搏，经历了千辛万苦，艰难创业，克服了无数难以想象的困难，创造出了优秀的民营企业。他们都是在党和国家的培养下成长起来的，都拥护党的改革开放政策，也是党的改革开放政策的受益者。他们拥护党的领导，热爱祖国，是我们党和政府团结、引导、教育、依靠的对象，是中国改革开放和现代化建设的重要推动力量。

二、确保民营企业和国有企业在市场竞争中规则平等

现在政府在制定各种法律法规和政策的时候，总认为国有企业会天然地、模范地、忠实地执行政府的各项法律法规与产业政策，而对民营企业执行政府的法律法规和政策却天然地不放心。因此，政府在制定各项法律法规和政策时，在涉及发展国计民生的产业、重大基础设施项目、资源开发战略性产业时，对民营企业的要求会更高、门槛会更严，甚至干脆把民营企业排除在外，实行国有企业垄断，认为只有国有企业垄断经营才

是最可靠的。在实践中普遍存在着不同市场主体机会不平等、规则不平等现象。虽然国务院出台了一些关于支持民营企业发展的意见、条例等，但是在实施过程中还没有完全落实，“玻璃门”现象比较普遍。

实际上，根据深圳的实践，在执行政府的法规政策时，民营企业未必比国有企业做得差。深圳这些年来，随着高新技术产业的发展，一批民营高科技企业在国家有关部门的支持下，已经进入了军工产品、航天技术、重要资源开发、城市大型基础设施建设等领域。它们在经营中都能严格遵守国家的有关法律法规，接受有关部门的监管，在维护国家安全、保护消费者利益等方面，都做得很好，受到国家有关部门和消费者的欢迎。从深圳的实践来看，企业经营行为能否保护消费者的利益，能否有利于国家的经济安全和国家整体利益，关键在于政府监管是否到位，而不在于产权的权属和企业所有制性质。倘若政府部门监管不到位，那么即便是独资的国有企业也不能很好地维护消费者的利益和国家的经济安全。

三、对民营企业和社会资本参与国有企业改革要更有信任感

现在党和政府的一些部门和个别同志有一种意识，认为在国家需要的关键时刻国有企业能够冲得上、靠得住，而对民营

企业不够信任。当然国有企业在国家遇到重要的问题、关键的时刻确实发挥了重要的作用，那么民营企业呢？从深圳的实践来看，在党和国家需要的时候，国有企业和民营企业都是维护国家安全、社会稳定的重要力量。深圳有大量的民营企业，它们在维护国家安全、保障国家利益方面并不比国有企业做得差。比如，华为为了保障国家的利益，顺丰为了维护国家的安全，都做了很多工作，多次受到党和国家的肯定。

在深圳，绝大多数民营企业在把企业经营好的同时，不忘履行企业的社会责任，不忘回馈社会。在历次市里组织的救灾赈灾、帮困扶贫等活动中，民营企业常常慷慨资助。深圳民营企业中，历年捐赠上千万元的有很多，上亿元的也有不少，有的民营企业家被国家和省评为“慈善家”，在社会上赢得了很好的声誉。

四、应当保护民营企业和社会资本参股国有企业的合法权益，提高它们的话语权

在发展混合所有制经济过程中，要求民营企业和社会资本参股国有企业，有的可能参股的多，有的可能参股的少。在这个过程当中，民营企业无论参股多少，都按市场规则办事，使民营企业和国有企业同股同权，要让它们享受同样的权利。比如参股，按照股份应当给民营企业参股方相应的发言权，并按

照股份比例，该给它们董事会席位给席位，应该让它们派副总经理、总经理的要让它们派，要保护参股方的合法权益。但是事实上很多的民营企业参股国有企业，没有得到相应的权利。比如深圳一家国有上市公司，民营企业在二级市场上收购了其大量股份并成了第二大股东，按照股份比例应该在董事会占两个名额，但最终这家国有企业连一个董事会席位也没给这家民营企业。这样的话，民营企业和社会资本怎能有积极性参与国有企业改革呢？怎么能更好地发展混合所有制经济呢？

五、依法依规决策，保障民营企业参与国有企业改革的决策权

现在民营企业参与国有企业改革面临的一个重要问题，就是企业的决策权到底是归企业董事会还是企业党组织。这次《意见》当中提出，改革必须坚持党的领导，这是国有企业改革必须坚持的政治方向和原则，党组织要在企业有法定的地位，这当然是对的，国有企业改革和发展肯定不能够脱离党的领导。但问题是，在体制上企业既然是混合所有制，决策到底谁说了算？例如，不少国有控股企业在开董事会之前先开党委会，然后在董事会上走走形式，民营企业作为小股东派驻的董事代表根本没有话语权。如果是党组织对重大问题有最终决策权，那么参股的民营企业的合理权益如何保证？再如，国有企业要坚

持党管干部的原则，民营企业按股份委派的企业高管是否要国有企业的党组织考核、任命呢？类似这些问题不明确，不按市场规则解决，参股的民营企业和社会资本怎么能放心呢？怎么能调动它们发展混合所有制的积极性呢？

六、民营企业和社会资本参与国有企业改革的比例、数量，要按照市场规则办事

按照《意见》规定，混合所有制在不同企业没有绝对股权比例的界限，民营资本在商业类的国有企业中可以参股也可以控股，根据双方意愿，民营资本可以投资 1% 的股权也可以投资 99% 的股权。但是实际上仍然有少数人思想僵化、陈旧，甚至有一些政治化的观念，尤其在理论界，个别人还在强调要防止国有企业改革中的私有化现象，提出国有企业改革不能搞私有化。这个观点对不对呢？理论上也许可以讨论，但在实践上不好把握。按照这些理论，国有企业的改革无法操作，无法推进。什么是国有企业改革私有化？是民营企业参股国有企业股权占 30% 算私有化，还是占 50% 算私有化呢？一个行业中民营企业的比重占多少算私有化？一个地区民营企业的比重占多少算私有化？像深圳的税收、GDP、就业数字中，民营企业的占比早就超过了 50%，甚至达到了 80%，那是不是已经私有化了呢？所以，股权投资就是股权投资，混合所有制就是混合所

有制，股权占比该多少就是多少，按照市场规律办事，按照双方的意愿和规矩办事，不要把一些问题政治化，否则会带来很多问题。如果天天讲国有企业改革防止私有化，那还有哪家民营企业敢参与国有企业改革呢？

七、按照市场规则确定国有资产价格，不要把“国有资产流失”的帽子沉重地扣在民营企业身上

过去在国有企业改革和产权转让过程当中，由于规则、程序还不健全，没有按市场化、公开化的原则进行国有企业改革，也出现了一些官商勾结和国有资产流失的现象。但是这些年来，随着国有企业改革的规范，已经逐步形成了一套国有企业资产转让过程中的评估、转让、交易等比较完善的程序。在这种情况下，尽管国有企业产权转让可以完全按照规定的程序来做，但在实践中仍然随时有可能被扣上“国有资产流失”的帽子。这是因为，虽然《意见》中提到国有企业产权转让的价格按市场公允价值来计算，但资产的市场公允价值每天、每时、每刻都在变化。因此，从事国有企业改革的同志和参与国有企业改革的民营企业家仍然随时面临着国有资产流失的无端指责，承担着极大的风险。

我亲身经历了一个很典型的事件。2003 年左右，深圳市国资委转让了一家国有上市公司的股权，当时按照市场规则进行了规范的资产评估、公开邀标、竞争性谈判、市场估值等程序，

最后将股权卖给了香港一家上市公司。两年以后，有人上告到中纪委、国务院国资委和证监会，说这个企业的股权转让使国有资产流失了20亿元，要求严肃追究有关人员的责任。这是怎么回事呢？一是因为上市公司股权转让的当时上证指数只有1 000多点，股票价格比较低，过了两年以后上证指数涨到了4 000点、5 000点，公司的股价也随着涨起来了；二是因为转让时深圳房价很低，土地价格低，但到了2005年左右，深圳的土地、房子翻了几倍。告状的人用转让时的股票价格、土地价格同两年后的股票价格、土地价格相比，说国有资产转让流失了20亿元。最后中纪委、国务院国资委组织调查组，召集了全国几大会计师事务所的会计师重新评估，最终的结果是当初转让的资产价格是符合市场价格的。

因此，国有资产价格要按照市场规则确定，如果动不动就扣“国有资产流失”的帽子，对国有企业和民营企业都是很大的阻碍。

八、国有资本参股民营企业后，要保障民营企业的合法权益和经营自主权

《意见》规定鼓励国有资本以多种形式入股非国有企业，大力发展混合所有制。这是对的，但问题是，要防止国有企业入股民营企业后，干预民营企业的经营自主权。

九、建立民营企业和社会资本参与公益性国有企业的合理补偿机制

《意见》指出公益性的企业可以独资，也可以推行主体多元化，原则上是国有控股，但也可以引进民营企业、社会资本来参股，这是正确的。实际上，混合所有制企业提供的公共服务在很多情况下比国有独资企业还要好。比如深圳的供水、公交、供气等国有企业都是多元化的产权结构，这些企业的服务质量比原来的国有独资企业好。问题是，按照《意见》规定，国有资本对公益性的企业不考核利润，只考核成本、质量、安全保障等项指标，这样做对保障市民的公共利益是有利的，但是民营企业参股后，怎么保障它们合法的收益和合理的利润呢？没有合理的利润保障，民营企业怎么会参股公益性的国有企业的改革呢？

我过去遇到过类似的问题：深圳一家水务企业，引进了一家法国著名的水务跨国公司参股，承诺按照市政府确定的公用事业监管条例的规定，使企业的投资回报率达到 6%。结果国外公司参股后，水价比较低，企业的投资回报率只有 2%。为此法国方面找政府反映，希望调整水价以达到 6% 的承诺，但当时国家发改委发文：鉴于全国物价形势，要求各地水费一律停止涨价。同时，按照国家价格主管部门要求，关乎民生的水、电、气涨价都需要举行听证会。但在听证会上，几乎所有市民

都反对涨价，水价没有合理调整，实质上是损害了国外投资者的合法权益，损害了政府的信誉。

如果因为老百姓反对而不能通过价格调整来保障投资者合法权益，政府就应该通过财政补贴的方式来解决。但在实践中，财政补贴也往往不到位。例如，深圳对混合所有制的公交企业的财政补贴，公交公司往往等上好几年，补贴也没有到位。这种政策怎么能够鼓励民营企业参与国有企业改革呢?

因此，政府需要根据合理的利润水平，建立一套稳定可靠、补偿合理、公开透明的补偿机制，不能让民营企业的投资来承担政府的公益性支出。

十、要进一步解放思想，真正实现从管资产向管资本转变，把企业推向市场，为国有企业的改革创造更好的环境

《意见》提出，国有资产管理要从管资产向管资本转变，这是一个重大突破。管资本与管资产有根本的不同。管资本涉及的是资本布局、资本运作、资本增值、资本安全等，不涉及管理具体企业的人、财、物。实行管资本后，应当把企业推向市场，企业具体的国有资产的经营权、管理权，企业人、财、物的管理等都由企业按照市场规律来办，这样才能真正把现在管理国有企业、国有资产的管理机构变为管理国有资本的管理机构。像新加坡淡马锡控股公司一样，哪个企业赚钱投资哪个企

业，被投资企业的人、财、物、资产完全市场化运作。

要实现这一点，可不是件容易的事，不是简单地成立几家投资、运营公司就能解决的。深圳国有资产管理体制改革的实践已经说明了这一点。深圳在20世纪90年代初到2003年也是按照国资委（国资办）—资产经营公司—国有投资控股企业三个层次的模式建立国有资产管理体制的，但由于没有把企业推向市场，还是按行政方式来管理国有企业，因而并没有达到预期的目的，更谈不上从管资产向管资本转变，反而形成了“老板加婆婆”的层次过多、效率低下的格局，最后只好取消三个层次的管理体制。

从管资产向管资本转变，会涉及国有企业改革一系列重大问题，需要逐一调整和改革。比如，不管企业的具体人，现在讲的党管干部的原则就要重新定位，企业的领导人就不能按现行由组织部来考核、推荐、选拔的管理体制，而应由董事会从市场挑选。如果不转变观念、解放思想，能做到这一条吗？再如，不管企业具体事，企业领导人的薪酬应该根据市场机制来定，为什么现在国家有关部门还在按行政的办法，制定国有企业领导人员的薪酬管理办法呢？如果这些问题不解决，就不可能真正实现向管资本转变，也就不可能为民营资本参与国有企业改革创造更好的环境。

中央有关国有企业改革的文件非常好，为国有企业改革提供了很好的方向，同时也为民营资本提供了更广阔的领域和历史机遇。但是，要实现这个目标，要发挥民营资本在国有企业改革中的作用，要促进国有企业改革的发展，仍然有很多理论问题、认识问题、政策问题需要进一步研究，还需要进一步解放思想，实事求是，真正把国有企业改革搞好。

深化国企改革是破解民营企业融资难的治本之策[①]

一、缓解融资难仍然是稳定民营经济的当务之急

2018 年下半年以来，由于多方面的原因，尤其是金融去杠杆过程中出现的政策偏差，银行对相当多的民营企业出现了断贷、抽贷、压贷的现象，加上股市大幅度调整，大批民营上市公司面临着股权质押平仓的风险，民营经济的发展遇到了前所未有的困难，给国民经济发展带来了严重的影响。

在民营经济发展面临“退场”还是继续发展的关键时刻，2018 年 11 月 1 日，习近平总书记主持召开了民营企业座谈会，并做了重要讲话，重申中央“毫不动摇鼓励、支持、引导非公有制经济发展”，并提出“民营企业和民营企业家是我们自己人”“我国民营经济只能壮大、不能弱化，不仅不能‘离场’，而且要走向更加广阔的舞台”。习近平同志特别指出“要优先解决民营企业特别是中小企业融资难甚至融不到资的问题”“对有

① 本文是根据作者 2018 年 12 月 8 日在“第十届全球 PE 北京论坛”上发表的演讲稿整理而成的，作者已审订。

股权质押平仓风险的民营企业，有关方面和地方要抓紧研究采取特殊措施，帮助企业渡过难关”。习近平同志的讲话，对民营企业家是极大的鼓舞，增强了企业家的信心。国务院各地党委政府随即召开座谈会，很快出台了有关的政策措施，国务院各部门也出台了一系列有关帮助解决民营企业融资难的意见，甚至对银行提出“一二五”的贷款比例目标等。

目前，民营企业融资难、融资贵，部分企业资金链紧张甚至断裂的问题解决得怎么样了呢？民营经济生存发展环境改善了吗？这是社会各方面非常关注的问题。根据深圳的情况，民营企业融资环境和资金链的现状大体上分为以下四种。

（一）上市公司的股权质押平仓风险得到一定程度的控制

在2018年上半年股市大幅度下调过程中，深圳300家上市公司有一半以上存在股权质押平仓风险，个别上市公司质押的股权部分已经被平仓。根据中央的要求和深圳的实际情况，深圳主要采取两种方式纾解上市公司股权质押风险：一种是市政府通过国有资本平台，给上市公司注入资金，置换出民营上市公司质押的股权，提高股权质押率，从而缓解股权质押平仓的风险；另一种是政府通过国有企业直接收购民营企业上市公司的部分股权，给民营企业注入资金，提高上市公司的信誉，缓解市场恐慌情绪，稳定社会预期，提振投资者信心，使上市公司股价从恐慌性抛售后的低点理性回归，也缓解了部分股权质押的风险。

在部分上市公司股权质押风险的控制过程中，民营企业“忍痛割爱”，国有资本平台公司“名利双收”。从“名”上看，国有资本平台公司出手相助，民营企业感恩戴德，受到社会和市场的好评；从“利”上看，国有资本平台公司在置换质押股权过程中，政府将财政资金拨付给国有企业，国有企业有偿借给国有资产平台公司，使平台公司有偿质押或收购民营企业的股权，民营企业所付的资金成本仍达 9% 左右，并且国有平台公司还将分享未来股价上升的收益。

需要指出的是，部分民营上市公司的股权质押平仓风险只是在现有股市企稳的基础上初步得到控制和缓解的，很难说从根本上得到解决，如果股市继续较大幅度下探，上市公司股权质押给国有平台公司后，仍然面临着平仓风险。因此，国有平台公司已经考虑以抵押物借款的方式取代股权置换，帮助上市公司缓解平仓风险。

（二）非上市的绝大多数民营企业融资难状况并没有实质性改善

近期虽然中央及各部委密集发声发文支持民营企业融资，银保监会主席郭树清提出对民营企业的贷款要实现“一二五”的目标，各银行也表示要支持民营企业发展，落实相关贷款政策。但是在银行层层加强风险控制的情况下，加大对民营企业贷款的政策和要求实际上还没有落实，银行普遍存在“雷声大雨点小”的现象，2018 年上半年以来对民营企业断贷、抽贷、压贷的问题还没有得到妥善解决，不少银行以技术和专业等环节细节为借口，还在拖延发放对民营企业的贷款。虽然有个别大企业与银行签订了所谓贷款支持“框架协议”和授信额度，但是离落实框架协议、下拨银行贷款仍相去甚远。

（三）中小型民营企业仍在生死存亡的艰难中挣扎

由于中小型民营企业数量多，经营困难，没有土地、房产等质押物，银行贷款的风险大。2018 年 11 月以来，中央关于解决民营企业融资难、融资贵的要求，在银行体系内还没有传递延伸到中小民营企业的贷款业务，因此大量中小民营企业的资金短缺情况还在继续恶化，不少因资金链断裂而无力支撑的小企业注销关门。

（四）民间融资渠道并未恢复

长期以来，银行等金融机构在给民营企业尤其是中小企业贷款时较为谨慎，导致大量民营企业不得不通过小额贷款公司和其他民间融资渠道进行融资。应该说民间融资是中小民营企业资金来源的主要渠道，对促进经济发展、优化资金配置有积极的作用。但从 2018 年以来，由于经济下行，资金紧张，大量 P2P（点对点网络贷款）公司“爆雷”，小额贷款公司风险加大，导致民间融资渠道还没有得到恢复。深圳绝大部分的小额贷款公司实际上处在停摆、半停摆的状态。

综上所述，习近平同志发表重要讲话一个多月后，虽然部分民营上市公司股权质押平仓风险初步得到控制，但整个民营经济融资难、融资贵，甚至融不到资的问题并没有得到解决。2018年大批民营企业遇到资金链紧张甚至断裂的严重局面，原因是多方面的，虽然出现少数民营企业由于过分扩张或自身经营不善等造成银行断贷、抽贷、压贷，但大多数民营企业的经营还是正常的，企业还是有盈利或者是微利的，这些企业的资金困难或是由于银行在去杠杆中出现了偏差，或是由于股市大幅度调整等外部原因导致的。因此，当前对正常经营的民营企业，应有应急之策，给予必要的财务救助，以尽快解决恢复正常贷款，妥善解决2018年上半年银行断贷、抽贷、压贷遗留下来的问题，这仍然是当前民营经济乃至整个国民经济发展中的当务之急。

岁末年初通常是企业资金流动性最紧张的时期，希望金融系统和地方政府高度重视，作为近期特殊阶段、特殊形势下的特殊措施，切实尽快解决民营企业的资金紧张的困难，防止2019年元旦、春节期间更多的中小民营企业关闭破产。

对解决民营企业资金短缺的问题，各地各部门切不可仅仅停留在开开座谈会、喊喊口号、发发文件上，避免随着中央工作重点的转移，使解决民营企业融资难、融资贵的政策落不了地，最后不了了之。

二、深化国有企业改革是破解民营企业融资难的治本之策

解决民营企业融资难、融资贵的问题，中央强调了多年，为什么现在仍然得不到解决？为什么在去杠杆中，负债率高的国有企业，甚至“僵尸企业”没有发生断贷、抽贷、压贷呢？中央下文要求降低国有企业的负债率，为什么大都降到民营企业身上了呢？原因是多方面的，比如银行系统不作为等。但我认为，民营企业融资难这个问题一直没有得到解决，而且反复出现，不完全是银行本身的认识问题，更不是业务和技术问题。

这些年来，随着银行等金融机构的改革，银行风险意识日益增强，风险控制体系日趋完善。从银行本身的利益来看，贷款给民营企业风险大，贷款给国有企业几乎没有风险，资金基本上是安全的。这是为什么？是民营企业活力不足、效率不高、信誉不好吗？是国有企业效率高、活力强、信誉好吗？不完全是。民营经济在全国 GDP 中占 60%，而银行给民营企业的贷款只占 30%，说明民营企业资金运用效率高于国有企业，那么为什么银行体系会发生这么大规模的资金错配呢？我认为主要有体制、机制、制度三个方面的原因。

第一，国有企业与民营企业处于不平等的竞争地位。长期以来，政府对国有企业和民营企业会显性或者隐性地实行差异化政策，国有企业在获取土地、矿权等自然资源、特许经营权、

政府项目、银行贷款、资本市场融资以及市场准入等方面处于优势地位。尤其这几年在做强做大国有企业的指导思想下，国有企业通过享有各级政府优惠政策和特别支持，自身实力不断增强，尤其是在土地、物业等银行贷款需要的质押物上，具有民营企业无法比拟的优势。

第二，国有资产管理体系成为国有企业贷款风险的重要防护屏障。当国有企业经营出现困难或资金发生风险的时候，从中央到地方的各级庞大国有资产管理系统，成为消化银行贷款风险的重要屏障。各级国资委对贷款风险大、资金运转困难，甚至需要关闭破产的企业，或是直接出资增加资本金，或是通过内部资金调度系统予以弥补，或是通过其他优势企业进行国有资产内部系统重组，从而使难以经营的国有企业得以生存，使银行的贷款风险得以保障，形成国有企业只能进不能退、只能生不能死的僵化的机制。在各级国有资产管理体制这一重要屏障下，对银行自身利益而言，给国有企业贷款是有保障的，在这种情况下，银行怎么会不给国有企业贷款呢？怎么能降低国有企业的杠杆率呢？

第三，国有企业有政府的背书，政府实际上成为国有企业贷款的最后埋单人。不管是什么所有制，企业的生死存亡是经济结构和产业结构动态优化调整的过程。但是由于政府作为国有企业的出资人，在政企不分的体制下，政府既把国有企业作为用行政手段进行资源配置的平台和载体，又要对国有企业承担无限的责任，尤其是出于维护社会稳定等方面的考虑，一般不会让国有企业破产，没有哪一届政府愿意让一个国企在自己任期内关闭破产，所以对有困难的国有企业，不断使用经济手段和行政手段进行输血、挽救，即使造成大批“僵尸企业”也在所不惜。有了政府这个背书和最后的埋单人，银行对国有企业贷款基本上无风险可言，自然愿意把更多的贷款投放给国有企业。

由于制度、体制、机制三个层次的原因，国有企业在获得银行贷款、资源以及银行的风险评估方面，与民营企业处于严重不平等地位，国有企业与民营企业的贷款风险差别并不能反映企业自身在经营管理、内部效率、经济效益等方面的真实情况。对银行来说，出于规避自身风险、追求自身利益的考虑，在正常的借贷业务中，尤其是在金融系统去杠杆、防范风险背景下，自然会对民营企业断贷、抽贷、压贷，把大量的金融资源配置给国有企业。因此 2018 年上半年以来对民营企业抽贷、断贷、压贷的现象，主要不是金融系统的业务人员怕承担政治风险造成的，而是整个国有企业和国有资产管理体制和制度造成的。因此，解决民营企业融资难、融资贵的问题，从解决当前民营企业特殊困难的角度看，银行要按中央的要求，采取特别的方式，帮助民营企业渡过难关。但是从长期来看，从治本的角度来看，要真正解决民营企业融资问题，支持民营企业的发展壮大，根本上还是要靠进一步深化国有企业改革，从制度、体制、机制三个层次上，真正解决民营经济发展中的融资问题。

具体有以下三个方面。

第一，要保证国有企业和民营企业在市场中的平等竞争地位，建立公平竞争的市场环境。改革开放以来，党和国家对发展民营企业在理论上和政策上已经取得了非常大的进步，民营经济从过去社会主义经济的补充，成为社会主义市场经济的组成部分和社会主义经济发展的重要基础。近年来中央出台了一些关于支持民营企业发展的意见、条例等，但是在实施过程中还没有完全落实，公平竞争的市场环境还没有完全建立。为此要进一步打破“国有”与“民营”之间的所有制鸿沟，毫不动摇地发展民营经济，激发其经济活力和创造力，真正实现各种所有制经济依法平等地使用生产要素，公平参与市场竞争，同等受到法律保护，使民营经济成为国民经济健康持续发展和市场经济体制良好运行的基础。

第二，加快国有经济布局和结构调整，形成国有企业有进有退、有生有死的动态调整机制。这些年来国有企业凭借政府的资源和特殊政策，布局太广，战线太长，尤其是在竞争性领域，这些企业虚耗资源要素，加剧资产错配，大大挤占了民营企业发展的空间。因此，要加快国有经济布局和结构调整，近期重点对处于严重产能过剩的“僵尸企业”，对处于竞争激烈领域的商业、物流、外贸、服务业、制造业等国有企业，除极少数已经做强做优做大的企业以外，绝大多数要抓紧退出。从长远来看，在竞争领域可以生存发展但不符合国有经济长远发展方向的国有企业，以及经营风险大、国有企业内部动力机制和风险承受机制不能适应的领域的国有企业都应该有计划、有步骤地退出。通过竞争性领域国有企业的退出，形成有进有退的国有企业发展机制，优化国有经济布局和结构。未来国有企业应主要在关系到国家全局的重大战略性产业、保障国家经济和社会正常安全运行的重要基础设施领域，以及为人民群众提供服务的公共服务领域发挥更大的作用。通过国有经济布局的优化，为民营企业的发展提供更广阔的空间，使民营企业和国有企业各自发挥优势，相互融合，共同发展，构成我国社会主义市场经济坚实基础。

第三，坚持政企分开、政资分开的改革方向。政企分开是国有企业成为独立的市场竞争主体的重要前提。在政企不分、政资不分的情况下，一方面，国有企业成为政府用行政手段配置资源的平台与载体，扭曲了资源配置在政府、市场、企业之间的关系，给国民经济发展带来长远不利影响；另一方面，也造成国有企业对政府的长期依赖，使政府成为国有企业负债经营的最后埋单人。因此，要坚持政企分开、政资分开的方向。把国有企业真正推向市场，成为独立的市场竞争主体。

三、风险投资是民营企业融资的重要途径

解决民营企业，尤其是中小民营企业发展的资金问题，从

长期来看，主要不能靠银行贷款解决。这是因为，中小企业由于规模小、资源少、抗风险能力弱，银行贷款坏账风险大。同时，中小企业可抵押资产少，难以满足银行风险控制的要求。在市场化条件下，银行是市场竞争主体，也要追求收益、规避风险，不能长期依靠行政手段，规定一定的比例，要求银行对风险更大的中小民营企业大量贷款。从深圳的中小企业发展的情况来看，风险投资是中小民营企业，尤其是中小高科技企业融资的重要途径。

2017 年深圳国家级高科技企业有 1.12 万家，还有 19 万家不同类型、不同规模的中小科技企业，是全国领先的创新型城市。深圳高科技企业的发展和崛起，得益于大批天使投资基金、风险投资基金、产业投资基金以及私募基金等，它们为中小企业不同阶段的发展提供了多层次、多元化的金融服务，其中风险投资起了重要的作用。为了给民营科技企业发展提供完善的金融服务体系，深圳几十年来一直鼓励和支持风险投资的发展。例如，深圳在 1994 年成立了全国第一家为解决中小科技企业融资难问题设立的“高新投”；1999 年成立最大规模的专门从事创业投资的“创新投”，以及为中小科技企业提供担保的“深圳中小企业信用担保中心”。一大批成功的民营科技企业，在创立的初期都离不开风险资本的投入。目前，深圳拥有创投机构数量占全国的 1/5，国内 20 强创投企业中，近半数为深圳企业。深圳中小创业板上市公司数量连续 11 年居全国大中城市首位。

当前，中小民营企业尤其是中小民营高科技企业的发展，遇到了特别的资金困难时期，同时这也是风险投资开展业务、开拓市场的有利时机。从深圳的情况来看，2017年“资金找项目”的风投市场，已经转变为2018年“项目找资金”的新格局。新格局的形成，呼唤着大量的风险投资，为解决中小科技企业发展做出更大的贡献。因此，各级政府和有关部门应当大力鼓励支持发展风险投资基金，并通过风险投资基金平台，缓解中小民营企业融资难、融资贵的困难。从当前风险投资发展的实践来看，需要政府抓紧解决好基本问题。

一是处理好发展与监管的关系。应该在鼓励发展中规范监管，而不是以规范监管的名义，扼杀风险投资的发展。前几年一些风险投资基金在监管中出现了一些问题，在国家防范金融风险的大背景下，规范监管是必要的。但是有关部门和地区全面暂停了有关资产管理、投资管理、风险基金的注册、变更等审核业务，对风险投资企业的发展带来不利影响，为此，有关地区和部门应该调整政策，鼓励风险投资的发展，恢复有关风险投资注册等的审核业务。在发展中规范，通过规范促进发展。

二是减少对风险投资行业市场准入的审批。这几年国务院在简政放权方面做了大量工作，取得了显著成就，尤其是在减少行政审批方面力度加大，取消了一大批行政审批项目，完全取消了非行政许可，并提出要取消审批中间层，防止“二政府”的出现。但是目前风险投资基金的成立，还需要中国证券投资基金业协会的所谓“备案”，备案审核等实际上是审批。这种做法与国务院简政放权、行政审批制度改革的要求还有差距，需要改进。

国有企业布局调整要有进有退[①]

PE（私募股权投资）和国有企业改革以及混合所有制改革有非常密切的关系，本文将讨论混合所有制改革和国有企业布局调整的有关问题。

什么是混合所有制改革？一般认为，国有资本控股的企业引进一些民营企业的资本，或者是国有企业之间相互合并，在此过程中实施一些员工持股计划以调动员工的积极性，这就是多数人理解的混合所有制改革。这个观念对不对？我觉得不够全面，我认为混合所有制改革应该包括三个层面。

第一，宏观层面，混合所有制改革是建立和完善社会主义基本经济制度的主要途径。党的十八届三中全会《决定》和这些年中央的一系列文件都提出我国的基本经济制度是公有制为主体，多种所有制共同发展，这是中国特色社会主义的重要支撑。因此发展民营经济可以说是最宏观层面的混合所有制改革。如果没有民营经济的壮大和发展，国有企业去哪里找战略投资者？去跟谁混合？从全国来讲，国有企业在很多领域占据垄断

① 作者于 2017 年 12 月 2 日在“第九届全球 PE 北京论坛”、12 月 10 日在“三亚国际财经论坛”上分别就此进行了主题演讲分享。

地位，打破垄断允许民营企业进入各个领域、各个行业，也是混合所有制改革。不能说只有国有企业引入民营资本才是混合所有制改革，比如说最近电信业中联通的改革，假如联通将股权整体转让给民营企业，或者是民营企业发挥新的作用，重新改造形成一个由中国电信、中国联通、中国移动和其他民营联合控股的电信企业，那就是更大范围的混合所有制改革了。

第二，中观层面，混合所有制改革是国有经济布局调整的一个基本手段。党的十九大报告中提出要“加快国有经济布局优化、结构调整、战略性重组”，调整就是要有进有退。不能说进是混合所有制改革，退就不是，有进有退才是中观层次的混合所有制改革，特别是对供给侧改革来说，如果没有布局调整，供给侧改革是难以推进下去的。

第三，微观层面，混合所有制改革是完善国有企业机制、增强企业活力的有效方式。在关键领域的重要产业，国有控股引进其他的民营股东相互交叉持股，以改善结构，增强企业活力。

这三个层次都很重要，但当前最要紧的是国有经济布局的调整，这是混合所有制改革首要的和迫切的任务。2004 年国资委成立以后，改变了过去国有企业管理所谓“九龙治水”的局面，由国资委行使管人、管事、管资产的职能，确定了政资分开、政企分开原则等，取得了很大的成绩。国有资本从几千亿元增加到上万亿元，取得了很大的成绩。但是在改革中出现了一个突出的问题，那就是国有经济的布局过广。目前在所有的竞争性行业领域中，几乎都有国有企业的身影，挤占了民营企业发展的空间。国有资本的膨胀造成大部分行业的产能过剩，负债过高，库存过大，杠杆过高，给国有经济的健康发展造成了严重影响。

针对国有经济布局过广的问题，党的十八届三中全会明确提出了国有企业要服从于国家战略，要更多地布局在涉及国家安全的重要产业和关键点，同时中央提出供给侧改革是经济体制改革的主线。供给侧改革主要是针对国有经济布局调整的改革。去产能主要是去国有企业的产能，随着国有企业改革的战线向纵深发展，国有企业已经退出了这个领域，不存在去产能的问题；去杠杆主要也是降低国有企业的负债杠杆；去库存主要是解决国有企业内部的结构失衡；补短板要求国有企业也要进行战略性的改革，所以供给侧改革本质上是针对国有企业调整的改革。这几年国有企业改革取得了很大的成绩，中央针对布局调整也发布了相关文件，国务院国资委做了很多工作，但是总体来讲这几年国有企业的布局是扩大了而不是缩小了。因此在国有企业改革的问题上应先进行国有企业调整，再进行混合所有制改革，混合所有制改革后再继续深化内部的改革，改革路线和改革布局才能够顺序清晰、有的放矢、纲举目张、事半功倍。

国有企业布局调整有进有退，但是要以退为先。退什么？

我的建议是四类要退出。

第一类：煤炭、钢铁、建材、原材料等严重产能过剩的产业中的一大批“僵尸企业”，近期要加快退出。

第二类：商业、物流、服务业、外贸、制造业等竞争激烈的领域，国有企业总体上没有长期竞争优势，对这些领域，除了极少数已经做强做优做大的国有企业外，没有长期优势的企业原则上都应逐步调整退出。

第三类：目前暂时盈利水平不错，可以生存发展，但不符合国民经济整体发展战略，不符合企业长远发展方向的国有企业，也应该逐步退出。如房地产领域的国有企业，深圳房价10年涨了十几倍，从2005年的8 000元每平方米涨到2018年的10万元每平方米，原因是多方面的，首先是政府推高房价，其次是国有企业大量涌入。2003年深圳在对国有企业布局进行调整时，没有留下几家房地产企业，但是这十多年来一大批央属房地产企业，如中信地产、中海地产、保利地产纷纷进入深圳，深圳大部分“地王”都是被央企拿到的，央企赚了钱，带来的却是房价增长，给人民生活带来影响。我们还需不需要这么多国有企业继续推高房价？为什么国有企业不能够多建一些保障房、廉租房、限价房？2008年深圳推出了限价房，面向全社会招标，但没有一家国有企业去投标。国有企业应该承担起更多的社会责任。

第四类：经营风险大，国有企业内部动力机制和风险承受能力不适应的领域，比如已经具有很大泡沫，并且具有系统性风险的金融领域的中小国有企业，以及需要巨额投入并且风险很大的高科技企业，等等，都应该逐步退出。

对于退出后的资本形态，应更多集中在公共领域的建设、国家重大战略性产业等。同时，国有资本应加大对公益性企业投入，在提供公共服务方面做出更大的贡献，实现党的十九大报告提出的“加快国有经济布局优化、结构调整、战略性重组”目标。

可能有人会反对说，国有企业都退出来了，经济还怎么改善和发展？产业还能不能持续？深圳的实践提供了一个很好的案例。2003 年，深圳按照中央的要求对国有企业做了大量退出工作，国企基本上从工业、商贸、建筑、流通、服务业退出，国有资本主要集中在城市基础设施建设和公共服务领域，保障城市的安全运营。十多年过去了，深圳发生了什么变化？正是因为国有企业退出工业、高科技、商贸物流、金融等领域，才成就了深圳全球现代制造业基地、高科技产业创新中心、亚太地区最重要的商贸物流中心和全国最重要的中心城市，诞生了一批如华为、腾讯、中国平安、顺丰等国际知名的企业。对留下的国有企业，深圳市政府对它们进行了混合所有制改革，比如深圳巴士集团股份有限公司就引进了香港的九龙集团，同时市政府制定了特许经营条例。在此基础上，我们先后实施了法人治理结构改革和“三项制度”改革，让人员能进能出，干部能上能下。经过十多年改革，深圳国有企业在这些领域真正实现了做优做强做大，如深圳燃气集团、深圳地铁、深圳公交、深圳水务、深圳机场、深圳港口等。我不反对国有企业，但国有企业一定要在恰当的领域发挥自己的作用，否则就像冬天的天气一样，以国有企业为主的东北冰天雪地，以民营企业为主的深圳气候温暖。国有企业后退一步，中国经济海阔天空。

如果可以不要民营企业，那还搞什么改革开放①

近日，对民营经济的忧虑又起。2018年9月13日，《人民日报》评民营经济称“只会壮大、不会离场”，并呼吁“在当前的形势下，企业家群体更应该不为流言所动，相信国家政策的稳定性，踏踏实实把民营经济办得更好”。

随着经济下行压力增大，民营企业生存发展问题凸显。而同时，借助各种优势，国资得以不断壮大。单是上市公司层面，根据财新记者不完全统计，2018年以来已有近20家上市公司发生高比例股权转让，引入国有资本。在已经完成的9个案例中，国有资本共出资超过62亿元，成为上市公司实际控制人。对此，公众甚至出现“国进民退”的情绪性恐慌。

到底应该如何看待上述现象？又如何切实保护民营经济健康发展？财新记者采访了曾深度参与深圳改革的深圳市前副市长张思平。近年来，国企改革以及民营经济发展也是张思平的重点研究内容之一。

---

① 本文是作者2018年9月13日接受财新记者周东旭的采访文章。

国资相对于民企的优势更加突出

财新记者：近期，国资大规模接盘民企，为什么会出现这种现象？有哪些背景？

张思平：上市公司之间的重组、整合、收购等，是较为常见的市场行为，无论是国有企业收购民营企业，还是民营企业入股国有企业，以及民营企业收购民营企业，或者国有企业收购国有企业，都属于市场经济的基本运作，也符合发展混合所有制经济的基本要求。

但是，最近出现这种情况，又有比较明显的背景和特殊的环境。中国经济进入新常态，随之出现一些新的问题，经济增速放缓，民营企业的经营环境、经营成本，包括销售市场、进出口等，总体是在恶化，给民营企业正常经营带来极大压力，这甚至已经成为比较普遍的现象。

原因是多方面的。其中，近年来一直在力推的去杠杆是重要因素之一。2017 年之前，去杠杆效果并没有取得较大进展，近两年开始加码，初见成效。我认为，当前去杠杆应该主要是降政府和国有企业的杠杆，政府负债率很高，一些地方政府出现财政困难甚至危机，国有企业的杠杆负债率也很高。

民营企业方面，个别企业杠杆率很高，尤其是扩张比较快的企业，但是一般的民营企业，比如深圳的民营企业负债率并没有那么高。不过，由于目前的经济运行情况和实际操作，去杠杆并没有在政府和国有企业方面真正发力，反而是民营企业杠杆率降了下来。

2018年9月13日，中办、国办印发《关于加强国有企业资产负债约束的指导意见》，要求国有企业平均资产负债率到2020年末比2017年末降低2个百分点左右，这是一个值得注意的积极信号。国有企业一般有政府背景，有系统性的优势，对银行来讲，会认为给国有企业放贷安全性更高。

民营企业尤其是中小企业往往会被认为风险过大。据我了解，在深圳，很多民营企业还了银行旧贷，银行可能就不再批新贷了。有些过桥贷款，都不能实行了。失去正常的流动性，给民营企业的正常运营带来极大的影响。

所以，我们看到，很多国资入股的企业，往往伴随着流动性问题，并非经营不下去，甚至也不是没有利润。

财新记者：不过，民营企业寻求买主，原因也是多方面的。是不是可以说，越是在这种情况下，国企的优势就越明显？

张思平：当然，民营企业选择让国资接盘，也是出于各种目的，除了缓解流动性危机外，有的可能是为了发展需要，有的可能是为了套现，也有的是出于对未来经济发展的预期，等等。不过，根本上可总结为两点：一是民营企业经营环境恶化；二是去杠杆对民营企业有冲击。

虽然中央一再强调，保持适度的社会融资规模和流动性合理充裕，疏通货币信贷政策传导机制，为中小微企业提供金融支持，等等，但是目前的金融运行体系以及政府运作体系是很难做到的。因此，民营企业出让股权或控股权，多为无奈之举。

从国资或国企方面看，中国经济进入新常态之后，其相对于民营企业的优势更加突出。除了对部分重要产业的垄断之外，还有政府的强大支持，甚至特殊的政策支持。

金融体系对国资或国企的支撑力度也很大，无论是贷款的数量还是利息，据估算，民营企业比国有企业的资金成本起码要高 1/3。因此，相对来讲，国企比民企有更大的优势。

“国进民退”忧虑何来

财新记者：有人认为此时国资出手“抄底”，实则是新形势下的“国进民退”；也有人认为，国资出手，正是为了做大做强，增强自身产业优势，实则是正常的市场行为。对此你怎么看？

张思平：由于民企多是处于竞争领域，国资或国企大规模入主竞争领域的企业，一定程度上并不符合国有企业的发展方向。

从技术上讲，资金进入本身也许属于正常的市场行为，但是，从全局来看，这可能进一步加剧人们对“国进民退”的忧虑，也未必有利于国有企业进一步的战略布局调整。

根据中央关于国有企业的改革方针，国有企业应该主要集中在关系国家安全、国民经济命脉和国计民生的重要行业和关键领域，对于一般性的竞争性行业，国有企业的经营机制和决策体制并不具有优势。当然，国资或国企入主民营企业，具体情况要具体分析，有的属于正常的收购、重组等；也有的是一味追求国企的资产化率，或者只是为了满足地方政府要求，一味追求规模；个别也可能是出于政府指令，地方政府并不希望当地上市企业退市；等等。总之，原因很复杂。不过，最根本的原因在于，国资或国企依靠政府和金融的强有力支撑形成的优势，使其在现有条件下有能力也有实力来完成这些行为。

财新记者：也就是说，目前的情况颇为矛盾：一方面，部分民企确实经营困难，可能需要国资出手“解救”；另一方面，在国资出手“解救”民企的背后，又是民企生存面临的一系列难题，包括融资难、税负高等。

张思平：之所以出现上述矛盾，归根结底还是因为有一些关键问题亟待解决，我将其总结为两个方面：一是市场与政府的关系；二是国企与民企的关系。

改革开放之所以有那么大的成绩，主要取决于处理这两大基本关系的决心和智慧。当政府在资源配置中的作用弱化，市场在资源配置中的决定性作用得到保障，国民经济往往得以健康发展。

党的十八届三中全会确定了市场在资源配置中的决定性

作用，但是，由于各种原因，政府在资源配置中的作用并没有“更好发挥”，而是政府的作用不断强化。政府仍然掌握着经济发展中的很多重要资源，这些本应由市场调配的资源并非通过市场配置，有的由政府直接配置，有的由政府通过国资平台（载体）配置，因此，也就形成了近年来国有企业不断扩张的格局。

另外，虽然中央一再强调“两个坚定不移”，即坚定不移地发展国有经济、坚定不移地发展多种所有制经济；但是，在民营和国企的发展关系上，这些年来，出现了一定偏差，国资或国企在市场发展过程中越来越强势，而民企由于各种各样的原因，处于越来越弱势的地位，甚至出现“国强民弱”的格局。

财新记者：国资或国企入主民企后，如何做到既参与管理，又能保障民企本来的优势？

张思平：民营企业让国有企业入股或控股，是特殊时期的特殊选择。同时，国企无论是在国民经济的定位，还是国企自身的决策、经营以及分配机制上，在竞争领域，并没有优势。

所以，国企入主民企后，我认为有必要坚持三个原则。

一是无论作为投资者还是控股，应尽最大可能不要把国有企业机制延伸或者照搬到民营企业，破坏了民营企业本已建立起来的适应市场发展的机制。

二是现在的措施应该具有过渡性，将来在适当的时候，国有企业可以考虑退出。

三是入主民营企业后，应该维护民营企业的合法权益，对于民企仍然保留的部分股权，应该给予充分尊重，无论其他市场主体剩下多少股份，在决策机制等方面都不能侵犯其合法权益，更不能趁火打劫。

当务之急是解决民营企业流动性危机

财新记者：你认为当前尤其应该拿出哪些紧迫的有力举措，缓解民营企业生存困局?

张思平：为民营企业提供各方面支持，是中央一直以来的重要方针，中央也出台了一系列政策文件。结合深圳市的发展情况，分轻重缓急，可从近期、中期和长远三个方面入手。

近期看，要下决心进一步解放思想，尽快解决民营企业资金流动性危机，这是非常迫切的，这个问题不解决，未来半年，民营企业恐怕会成批倒掉。民营企业融资难，银行无法贷款，还要面临巨大的还款压力，而且，随着民间借贷受到冲击，各种融资渠道都在不断收紧。当务之急，中央必须下决心解决民营企业的资金流动性问题。

中期看，应该尽快按照党中央和国务院的要求，减税让利，减轻民企经营负担。中央已经提了很久减税让利，近期强调的也很多，但是民营企业的经营负担和包袱依旧非常重。应该把国务院出台的各种减轻企业经营负担的文件真正落实到位，包括税收、社保、各种费用等，让其有生存喘息的空间。

远期看，要建立起各种类型企业平等竞争、公平发展的市场环境，公平的竞争环境至关重要，目前“国强民弱”的局面不可长久。现在民企不是要求特殊待遇，而是要求公平竞争。中央虽然也出台了一系列文件，但实际上并没有完全落实，原因是多方面的。如果民营企业都垮掉了，中小企业都垮掉了，社会主义市场经济体系怎么完善，国民经济发展遇到的问题怎么解决？

改革开放的过程实际上就是所有制、产权改革的过程，是民营企业不断发展的过程。尽管近几十年企业发展环境不太理想，但民营经济仍然占据了重要地位，贡献了 50% 以上的税收，60% 以上的 GDP，70% 以上的技术创新，80% 以上的城镇劳动就业，90% 以上的企业数量。

跨过这条鸿沟，按照中央精神，实现平等、公平保护，中国经济才可能生机勃勃。

财新记者：近日，关于“国进民退”的忧虑似乎又起，国企改革方向何在？你认为如何打消公众尤其是企业家的疑虑？

张思平：十八届三中全会的界定已经很到位，只是近年在具体的落实方案中，未必都很好地贯彻了十八届三中全会关于国企改革的基本方向。比如，国企在布局调整方面，一些“僵尸企业”、没有竞争力的企业，仍然存在于竞争领域，侵占着市场空间，造成国资的巨大浪费。

所以，在国企功能、布局调整、机制转换以及发展方向上，还是要坚持党的十八届三中全会的基调，如此才能真正打破对“国进民退”的忧虑。无论是国企还是民企，经济上都是社会主义市场经济的重要组成部分，对国家都做着重大贡献。

实践篇

深圳国企改革是如何实现反超的①

深圳市历来十分重视国有企业改革。20 世纪 90 年代，深圳市的国企改革和国有资产管理体制改革曾经在全国领先，为全国提供了不少经验。近些年，深圳市委市政府高度重视国企改革。但是由于种种原因，主要是思想不解放，工作不落实，对社会主义市场经济条件下国有企业改革发展的规律认识不足，目前与上海、江浙一带相比，深圳落后了。主要表现为国有经济调整落后于上海，内部的产权机制落后于江浙。

深圳市从事国企管理的同志有强烈的危机感、紧迫感，承受了很大的压力，知道差在哪里和为什么形成差距。但是，承认落后并不是甘心落后。深圳变压力为动力，振奋精神，发愤追赶，加大改革力度，争取把落后的差距追赶回来。为此做了以下几个方面的工作。

① 这是作者（时任深圳市人民政府副市长）2003 年 8 月 18 日在广东省国有企业改革与发展座谈会上的发言节选。

一、纠正认知偏差

2003年上半年，深圳市在总结经验教训的基础上，提出了下一步国企改革的指导思想，既坚定不移地发展国有经济，又要对国有经济布局进行调整。坚定不移地一手抓改革、调整，一手抓发展。坚持“有进有退，有所为有所不为，在发展中调整，在前进中退出”的方针，加大国有企业改革力度，迅速把国有资本集中到公共设施，集中到基础产业特许经营及竞争领域中少数竞争力强的大型企业集团。在采取切实措施做强做大，优化重组一批主导产业突出、竞争力强的大型企业集团的前提下，果断采取措施，通过劣势企业的退出、主权主体多元化、主辅分离、富余人员的分流安置等形式，使深圳市部分国有资本能够有序、安全、快捷地退出。

在社会主义市场经济条件下，国有企业能不能发展？如何发展？多年来一直在争论。从深圳的情况来看，有一个不断探索、不断总结、不断发展的过程。在探索的过程中，有成功的经验，也有失败的教训，更有深刻的反思。在这个过程中，深圳曾经在不同程度上发生两种认识或工作上的偏差、失误，或者深刻的教训。

20世纪90年代中期，党中央提出了国有企业要建立“产权清晰、权责明确，政企分开，管理科学”的现代企业制度。深圳作为特区，率先在政企分开、国有资产管理体制改革、形成三个层次的国有资产管理体制、取消行政主管部门和建立内部激励机制与约束机制等现代企业制度方面，进行了大力探索。应该说，取得了一定的成绩。当时，各省市到深圳学习经验的人络绎不绝。后来党中央提出国有经济战略布局调整的战略部署，深圳在这个时候对市场经济条件下国有经济发展的规律认识不足，对党中央关于调整国有经济的部署反应迟钝，认为只要加快现代企业制度建设，国有企业都可以搞好，都可以做强做大。因此当时提出国企 2000 年宏观发展目标，不论什么行业的国有企业都要大发展。在竞争十分激烈的工业领域，深圳提出建立“六个超百亿”集团；在建筑和房地产领域，提出“组龙工程”，要形成一批国企“巨龙”；在竞争日益白热化的商贸领域，深圳甚至也提出学日韩等国的综合商社，要投几个类似日本的大型综合商社；推广“迎着朝阳创一流”盲目冒进的石化经验；等等。后来，各行业国企形成不良资产上百亿元，教训十分深刻。

我当时是深圳体改办主任，参与了这些工作，总结了不少教训。在一大批国企垮掉的同时，一些当时并没有列入创百亿集团的公用事业、基础设施等领域的市属国有企业，却随着城市的发展，迅速成为市属国有企业的主力军，如机场、港口、能源、燃气、自来水、公交等，当然也包括竞争领域的少数几家如赛格、深圳市农产品等，真是“有心栽花花不开，无心插柳柳成荫”。这也反映出在市场经济条件下国有经济发展的一些基本规律。实践告诉我们，在市场经济条件下，国有企业必须找准自身的位置，发挥自身的优势，扬长避短，有所为有所不为。试图把各行各业全部做强做大是不现实的，是违背市场经济条件下国企发展规律的。

另一种偏差是，随着“三资”企业、民营企业的发展，以及国有企业发展中遇到的困难，有些同志在国有经济发展方面形成了另一种倾向，认为国有企业不行了，根本就不要发展国有经济，要全面退掉、全面卖掉，将国有企业看作冰棒，认为快化完了，建议在化完前赶快卖掉，并提出“靓女先嫁”，对国有企业发展完全失去信心。一些投机分子也把国有企业当成一顿物美价廉的晚餐，想趁机捞一把。这种思想使一些企业放松了管理经营，国有企业的效益下降了。2003 年初，广东省委召开了发展民营经济座谈会，民营企业披红戴花，扬眉吐气，而国有企业好像抬不起头来，一些部门本该支持国企的也不支持了。在这种情况下，深圳坚决纠正这些认识上的偏差，认真学习贯彻党的十六大精神，既坚持毫不动摇地支持民营经济的发展，又坚持毫不动摇地发展国有经济。树立信心，正确认识发展民营经济同国有经济的关系。同时旗帜鲜明地反对想利用国企改革机会捞取好处的倾向，制定国企管理和转让改革中的程序和规定，确保国有资产的安全。

二、加快产权改革

在公共设施、基础设施和特许经营领域占有优势的大型国有企业如何改革？深圳提出不能按照传统计划经济办法，不能只靠政府增加投资搞国有独资企业，或者给予更多的特殊政策，给予更多的垄断价格等老套路。而必须按照市场经济规律，按照国际标准，实行产权多元化。通过引进国际战略合作者和全国知名民营企业，转换经营机制；通过国际战略合作者，引进发展资金和先进管理经验，形成内部有效激励机制和约束机制；通过与战略合作者联合，共同开拓占领国内市场和国际市场，迅速把这些国有企业做强做大。

2002 年深圳选择能源、燃气、水务、公交、食品五家国企，用国际惯例和方式，委托具有国际资本运作经验的财务顾问，按照国际通行的市场化运行规则和透明的招标程序，在国有控股的前提下，出售部分国有股权，在世界范围内寻找国际战略合作者。

2003 年，五家国企中的能源集团、燃气集团已经完成调整，其他三家也加紧独家谈判。从股权结构上看，能源集团不是最理想的范本，燃气集团引进了香港中华燃气和新希望集团，它们各占 30% 和 10% 的股权，形成了非常好的股权结构。三家联合，各自发挥优势，开拓三角洲管道燃气市场。水务集团引进全世界最大的水务公司法国威立雅，联手开拓全国市场。

公交同香港九龙巴士合作，共同开拓三角洲的运输网络。食品集团引进荷兰的知名企业和华润集团，把国际先进的食品加工优势引进来。通过五家国有企业的国际招标招募，深圳引进了70亿~80亿元的发展资金。与此同时，机场正与香港启德机场合作，准备出让部分股权，彼此发挥各自的优势，开拓国内外航线，尤其是国际货运市场。盐田港在同和黄集团李嘉诚合作的同时，也和有关大型港口集团洽谈深圳大铲湾港口的合作，地铁集团同香港地铁公司合作，共建深圳地铁四号线等。通过这些合作，一方面加快了深圳国有企业改革的步伐，利用国际名牌企业共同做强做大；另一方面与香港在基础设施方面全面合作，为深港一体化打好坚实的基础。

在与国际知名企业共同发展公用、基础、特许经营的国有企业的同时，为了保证既有利于企业的发展，又保证公众利益不受损失，改善投资环境，市人大专门立法，制定《公用事业特许经营权条例》，从法律上规定这些企业的义务和责任，以及政府对这些企业的监管，包括价格、服务质量等方面，确保政府的有效监管和公共服务目标的实现。据我所知，这是全国第一个特许经营权管理条例。

三、竞争性领域劣势国企退出

深圳根据有进有退、调整国有经济布局的要求，正确处理改革与发展、进与退的关系，在做强做大一批优势国有企业的前提下，保证竞争性领域的劣势国有企业有序、安全、快捷地退出。

深圳认为，国有企业只讲“退”，一卖了之，是极端错误的，也是片面的，后果严重，其结果可能是全军覆没。“退”绝不是一卖了之，更不能让国有资产流失。深圳国有经济的“退”是在发展中调整，在前进中退出，退出国有企业的同时，通过机制和体制的转换，催生一个机制灵活、竞争力强的新型员工持股企业或民营企业。

深圳国有经济的调整和改组，或者“退”，包括四个内容：一是整体退出，或经营者和员工整体承接，或者部分承接，国有企业少留一些股权；二是产权主体多元化，是部分退出；三是做强做大企业的主辅分离，是局部退出；四是改制企业的员工安置、转换身份，是人员的退出。也就是说，其中包括整体退出、部分退出、局部退出和人员的退出。

深圳国有经济退出的部署力争做到有序、安全、快捷。所谓有序，是在正常的经营管理情况下，区别轻重缓急，有计划、有步骤、有组织地退出。在退出过程中，经营不断，人员不散，思想不乱，防止一哄而下。所谓安全，一是职工的安全。员工的合法权益要得到保护，要有合理的补偿和安置，不能把员工简单地推向社会。二是国有资产的安全。要特别防止改革过程中国有资产流失到个人和小集体中去。三是债权的安全。

不能有意地逃废债务，保证深圳国有企业的信誉。四是社会的安全。在“退”的过程中，要做好职工工作，不引起大规模的上访。所谓快捷，就是决策要快，该断则断，不留后患，不搞等、靠、要，敢于负责，敢于承担责任，一些问题不能长期拖下去。

深圳国有经济退出的方式，主要是用好国务院相关部委文件，制定一系列有利于退出的政策措施。我们针对长期退不出去的障碍和难点，制定了员工补偿政策、资产核销政策、土地处置政策和社保政策等，核心是员工补偿政策。过去深圳国企改制存在两大难题：一是改制企业在岗人员能不能转换身份并给予经济补偿；二是在政府没有资金保障的条件下，能否用国有净资产对员工安置进行补偿。2002 年 10 月，国务院相关部委的文件在这两个方面提供了广阔的政策空间。相关部委文件的核心是搞好两个转换，实施两个补偿，实现两个走向市场。搞好两个转换是企业转换产权、员工转换身份；实施两个补偿是对转换身份、解除劳动合同关系的改制企业员工给予经济补偿，并且可以用改制企业的国有净资产进行补偿。通过两个转换和两个补偿，企业走向竞争的商品市场，员工走向竞争的劳动市场。我们充分运用国务院文件，出台了一系列政策，受到广大企业的欢迎，大大推进了企业的改制和退出。

为了推进企业退出工作，我们制定了详细的企业调整和改制，也就是“退”的计划，采取年初订计划、年底考核的方式，计划退出 14 家一级企业集团，173 家二级企业，涉及转换身份员工 3.5 万～4 万人。

四、重组上市国企

竞争性领域中大多数国有企业如何办？除了部分劣势企业退出外，一些有一定优势的企业如何办？深圳政府认为，既要发挥市场经济机制，使它们在市场激烈的竞争中提高竞争力，又要发挥政府的作用，学习上海经验，加大重组力度，进行资源优化配置，扶持一些竞争力强的大企业。

根据深圳的情况，重点对深圳市 36 家上市公司进行战略重组。由于历史原因，深圳上市公司比较多，2003 年有 36 家控股市属上市公司。这些上市公司由于种种原因，出现了很多问题。过去虽然做过部分上市公司的重组工作，但由于重组的指导思想有问题，重组效果不明显。

深圳采取更开放的姿态，对 36 家上市公司的资源进行重组，打破过去在国企内部救火的方式：哪个企业出问题，赶快注入政府的优质资产，救活这个上市公司。围绕国际化目标和深圳的产业方向重组。在重组的上市公司中，除了特别差的退市外，相当一部分出让控股权。并制定引进标准，而向全国、全世界引进国际国内知名企业，包括全国电子 100 强，全国民营 50 强，国际 500 强高科技企业，转让一个控股权，引进一个大的知名企业。要求它们把总部放在深圳，促进深圳的发展。对个别负债太多、资不抵债的，果断退市。通过 36 家上市公司重组，不仅引进了一批大企业，以知名企业带动深圳的发展，而且从资本市场筹措到了资金。

竞争性领域的劣势国企应该如何退出[①]

国有企业调整与改组应该是有进有退的。但是此文侧重于讲退出，包括退出的部署要求、退出的形式创新、退出的政策要点、退出的组织实施。

一、劣势国企退出是深圳国企改革的重点

多年来，深圳国有企业有了很大的发展，但是还存在很多问题。这些问题，既有经营管理上的原因，也有体制机制上的原因，还有国有经济布局不合理的原因。因此，深圳在继续毫不动摇抓经营、抓管理、坚决完成 2003 年经营计划的同时，也要深化改革，加快调整，适时地部署和推出“退”的政策和措施，加快退出的步伐，使深圳国有企业改革工作在较短期内有一个突破性进展。

国有资本的退出包含四个方面的内容：一是竞争性领域的劣势企业的国有资本要整体退出；二是保留下来的企业实行产

① 这是作者（时任深圳市人民政府副市长）2003 年 6 月 5 日在深圳市属国有企业调整与改组工作会议上的讲话节选。

权主体多元化，实现部分退出；三是列入优化重组、做强做大的企业要实行主辅分离，达到局部退出；四是要大幅度地精减和安置国有企业的富余人员，保证人员的退出。也就是说，国有企业的退出工作，包括整体退出、局部退出、部分退出和人员退出四个方面。下文侧重于部署劣势企业的整体退出工作。

（一）深圳国企改革工作存在的问题

深圳作为特区，国有企业改革工作取得了很大成绩。市委市政府也做出了一系列的部署。其中，2001 年市政府出台了加快国企改革的“1+11”文件，对国有企业改革进行了全面部署。2002 年市委常委扩大会议，进一步明确了国有企业改革的指导思想和重大措施。在市委市政府的领导下，深圳国有企业各级领导干部和职工做了大量工作，取得了一定的成绩，这应该充分地肯定。但是深圳的改革工作同国家的整体部署相比、同先进的地区相比、同广大员工的愿望相比、同全社会对国有企业改革的要求相比，还存在很大的差距，主要表现为以下几个方面。

第一，在国有经济调整方面，深圳市大量的国有资产还滞留在竞争性领域。2001 年底，深圳的国有总资产当中还有 63% 滞留在竞争性领域，实现的利润却只占全部国有企业利润的 29.8%；而上海在竞争性领域的国有资产比例已经降到了 50% 以下。深圳还有不少资不抵债、亏损的劣势企业没有退出，这些企业还大量地消耗着深圳的资源。

第二，在国有企业产权主体多元化和企业改制方面，深圳起步很早，曾经为全国的国有企业改革提供了很多经验。但后来改制的步子缓慢，相当多的国有企业改制仍然没有完成。在已经改制的企业当中，还有相当一部分企业是国有独资企业，改制不转制的现象比较普遍。而上海到 2002 年底，改制企业的总资产占 798 家大中型企业的比例为 88%。江苏、浙江进度更快，有些地方基本都改完了。东北工业基地的改制工作也进展很快。

第三，深圳已经改制的企业国有股比例还很高。2002 年底，上海有 140 家上市公司国有股比重平均是 31.6%，而深圳 39 家市属控股的上市公司，平均持股为 51.95%，全国将近 2 000 家上市公司平均持股比例是 47.22%，深圳比全国上市公司国有股比例还要高。

第四，国有企业的历史包袱还没有解除，有些方面还相当沉重。计划经济遗留下来的国有企业债务、富余人员和企业办社会三大包袱，深圳的国有企业仍沉重地背在身上。除了企业办社会的情况比内地好一些外，债务比内地还沉重。当时市属企业的负债率为 59.5%，一级企业中负债率超过 70% 的有 22 户。尤其难以解释的是，深圳作为经济特区，在全国最早实行劳动用工制度的改革，但到 2003 年大部分市属国有企业的富余人员的比例超过 30%，企业还没有形成员工能上能下、能进能出的机制。而当时内地许多城市的国有企业都是几十万、上百万职工分流安置，产业结构和企业结构的调整基本上到位，国有企业员工人数与市场经济需要大体相适应。相比之下，深圳国有企业的改革进展与深圳特区的地位极不相符。

（二）为什么深圳的国企改革落后了

深圳市国有企业改革起步早、包袱轻，这是深圳国有企业改革的优势，应该为全国的国有企业改革工作提供更多经验。但可惜的是，后来深圳的改革落后了。从 2003 年起，全国大中型企业从总体上讲进入正常的可持续发展阶段。而深圳国有企业要进入正常可持续发展阶段还需几年。

为什么深圳国有企业改革落后了呢？根据各方面的反映，大体上有以下几个原因。

第一，思想不够解放，或者思想虽然解放，但在工作上怕承担风险和责任。有些问题本身并不难解决，就是不敢抓、不敢管，怕得罪人，怕影响自己的利益。结果问题越拖越久、越拖越严重，闯劲、敢冒险、敢承担责任的勇气大大削弱。

第二，工作不够扎实，作风不够深入，说得多，做得少。在国有企业改革方面，深圳发了很多文件，这些文件本身都非常好，市委市政府提出的改革指导思想都是正确的，要求也是明确的，问题出在落实不够。北京一些专家表示，深圳的国有企业改革经验丰富，思路开阔，行动迟缓，收效甚微。这种批评在一定程度上反映了深圳的问题所在。

第三，有些政策不够具体，操作性不强。深圳很多文件落实不下去，一个重要原因是文件操作性不强。有些文件只提大原则，具体的措施无法操作。无法落实的文件是没用的文件，形同废纸。所以2003年相关部门起草出台的这些文件，我们一再强调，不要写指导思想和基本原则之类的内容，只要有几条能实实在在落实的就行，每项政策都要算账，研究可行性。

第四，各方面合力不够，效率不高。各部门不是相互促进、相互配合，而是相互制约。一个企业的改制几年搞不完，程序太多，批来批去把企业都拖垮了。

第五，国有企业缺乏危机感和紧迫感，国有企业等、靠、要的思想严重，改革的主动性不强、动力不足。不少企业一直在观望，长期等待部门出文件，向政府要优惠政策，靠上级去督办。因此，国有企业改革的很多事情被拖下来了。

（三）劣势国企退出的三项原则

当时这种情况下，我提出，深圳市属国有企业各级领导干部和员工必须要有清醒的认识，要有强烈的危机意识，既要敢于正视问题，又要统一思想，振奋精神，增强信心，坚定不移地一手抓发展、一手抓改革，正确处理改革与发展的关系、进与退的关系。坚持有进有退、在发展中调整、在前进中退出的方针，加大国有企业改革的力度。通过劣势企业的退出、产权主体多元化、主辅分离和富余人员的分流安置等形式，迅速把深圳的国有资本集中到公共设施、基础产业及竞争领域中少数竞争力强的大型企业集团。要在做大做强、优化重组一批主导产业突出、竞争力强的大型企业集团的前提下，果断采取措施，使深圳部分国有资本能够有序、安全、快捷地退出。

当时我提出，本届政府内要基本完成退出的四项任务，其中，2003 年和 2004 年，劣势国有企业退出、主辅分离、产权主体多元化、富余人员的安置等工作要大体完成。2005 年主要处理个别遗留问题。按照这个设想，2003 年一级企业退出起码要达到 14 家，其中深圳投资控股有限公司控股的深圳市莱英达集团有限责任公司、深圳石化集团有限公司、深圳市西湖股份有限公司西湖企业、深圳市深华运输有限公司、深圳市中南实业有限公司要整体退出。深圳市特区建设发展集团控股的深圳市东部开发（集团）有限公司、深圳装饰集团、深圳市勘察研究院有限公司、深圳市设计装饰工程有限公司、深圳市城市建设投资发展有限公司等要整体退出。深圳市商贸投资控股有限公司旗下的食深圳市品总公司、中国深圳对外贸易（集团）有限公司、深圳市水产公司、深圳市文华房地产有限公司等要整体退出。退出的二级企业是 173 家，各家的企业各家退。

我认为，2003 年的退出计划不仅是可行的，而且是留有余地的。这个计划是各资产经营公司上报的，国资办没有加码。总体上我认为，退出的步子并不算太大，退出的计划不算冒进。

有条件的还可以再力争退出一些企业。特别要指出的是，国资办的退出计划主要是整体退出的计划，实际上退的任务不光是整体退出，还包括产权多元化、主辅分离、富余人员下岗等方面的任务。国有企业包括授权经营集团和做大做强的企业，需要在这些方面加大力度，2003年，除地铁集团外，其他企业如盐田港、深圳机场、深业集团、深圳市能源集团、深圳市燃气集团、深圳市公交集团、深圳市水务集团、深圳长城开发科技股份有限公司等，都有主辅分离、富余人员分流的问题。这些企业在这方面的改革步子不快，有的还在观望。

二、以改制分流作为国企国资退出的重要形式

国有企业改制中普遍存在两大困难：一是改制企业的在岗人员能不能转换身份并给予经济补偿；二是能否用国有净资产对员工安置进行补偿。国务院相关部委的文件在这两个方面为国有企业改革提供了广阔的政策空间。

搞好两个转换是企业转换产权、员工转换身份；实行两个补偿是对转换身份、解除劳动合同关系的改制企业员工给予经济补偿，并且可以用改制企业的国有净资产进行补偿。通过两个转换和两个补偿，企业走向竞争的产品市场，员工走向竞争的劳动力市场。为了贯彻好国务院的文件，市政府转发了国家相关部委的文件，并制定了有关配套文件。

（一）深圳国企改制分流配套政策

同国家部委文件相比，当时深圳市政府转发的文件以及配套政策有三个特点。

一是改制企业的适用面宽了。相关部委文件讲的是大中型企业主辅分离，对改制分离出的辅业，用三类资产对员工进行经济补偿。深圳转发的文件适用于除了资产经营公司以外全市的国有企业。坦率地讲，对这件事，我经过反复考虑，认真研究，并承担了政策风险。我个人理解，虽然深圳没有像中石化、中石油这样的大型企业，但深圳的经营公司、企业集团主辅分离的任务也很重。深圳二级企业的退出，可以理解为就是一级企业的主辅分离。一级企业的退出，可以理解为就是控股公司的主辅分离。这样的话，全市市属企业基本上都可以享受有关主辅分离的政策。

二是深圳对享受这些政策企业的国有股的比例要求严了。国务院文件讲的主辅分离，是改制后国有非控股企业可以享受有关补偿政策，其范围可以理解为国有股在1%～49%。深圳确定了国有股低于30%才能享受这项政策，这样有利于鼓励降低改制企业的国有股比例，促进国有资本的退出。本来我考虑确定25%的比例比较合理，但后来考虑到东部集团和食品总公司的改革方案已经是既成事实，并且经过了职工代表大会讨论和表决通过，东部集团的员工都签了字。因此如果把比例定在25%，这两个企业的改革工作可能很难做下去。

三是规范了经济补偿的标准和计算办法。国务院相关部委文件只讲了补偿政策，对补偿的标准没有具体规定。这次市劳动局制定了具体的补偿标准和计算办法，便于企业在改革时规范操作。据我了解，全国各地当时还没有出台类似深圳的转发文件，并制定明确的政策标准。深圳这次可以说是创造性的贯彻执行，虽然有政策风险，但为了促进国有企业改革，也只能这样做了。

（二）国企改制分流的好处

按照国家相关文件的精神，深圳尽量在国有企业的改革形式上创新，开辟新的退出通道，把改制分流作为深圳国有资本退出的重要形式，尽量少关闭，少破产，多搞改制分流，多搞经营者、员工持股，这是深圳深化国有企业改革工作的重要指导思想。我认为，实行改制分流有以下几个方面的好处。

- 员工基本不下岗，有利于社会的稳定，解决社会稳定的问题。
- 补偿了国有企业员工多年的劳动贡献，受到了员工的欢迎，为深圳改制提供了动力。
- 不用或少用现金支付补偿金，用净资产支付补偿金，减轻企业的负担。
- 员工通过身份转换将补偿金转为新企业的股份，从而变成了股东，使大多数员工改制后不是变为无产者，而是变为有产阶层，有利于缓解当时社会分配差距太大带来的社会矛盾，防止两极分化，也有利于未来我国社会结构的稳定。

- 有利于新企业转换经营机制，把员工利益同企业的利益密切结合，形成企业内部的利益共同体、命运共同体，员工和经营者风险共担、利益共享，有利于调动员工的积极性。
- 有利于国有企业的整体退出，加快退出的力度和速度。比如一个一级企业集团的整体退出，往往可以带动一批二级企业的退出。
- 有利于防止在改制过程中国有资产流失到个人和小集团手上。根据深圳当时中介机构的诚信程度，和深圳当时对国有企业改制的监管程度，在改制工作中使国有资产评估完全合理很难做到。但如果搞了员工持股，即使让点利，比如企业的无形资产的评估，也是让利给了员工，让利给了企业的劳动者和创造者。
- 有利于新企业的经营发展。相关部委文件规定，新企业符合条件的可享受免3年的所得税政策。这对新企业的成长有很大的促进和帮助。

综上所述，国有企业整体改制分流是非常好的政策，深圳一定要用好、用足、用活。当然，员工持股也不是所有的改制企业都要实行，在改制形式上可以一企一策。即使是员工持股的企业，也有它的局限性。比如员工持股可能从长远来看，并不利于吸收新人才，不利于人员精简，不利于降低企业人工成本，也有可能存在新的“大锅饭”现象等。这些都需要在工作中不断完善。实行了员工持股的企业，也要搞好经营、加强管理，提高竞争力。否则，即使实行了员工持股也有可能跨台。

（三）实行改制分流的企业要注意的问题

一是一定要按照规定进行规范运作，不要留尾巴，包括员工的补偿、劳动关系的处理、员工持股会的运作、员工持股的保存、登记、转让等，一定要按照规章办事。二是衔接好新老企业的各个关系。包括工商登记、债务处理、劳动社保等。三是员工经济补偿金转为新企业股本金的问题，一定要坚持员工自愿的原则，不能强迫入股。员工持股方案要经过职工代表大会通过。四是帮助新企业选好经营者，经营者的产生要依法办事，要保持生产经营的持续性。

有关同志在讨论中提出，改制企业对员工进行了经济补偿后，还能不能享受“1+11”文件中关于员工持股可以按 35% 的比例打折优惠问题。对这个问题，我反复考虑，并认真听取有关同志的意见，经过权衡，我认为实行员工补偿后，就不再享受 35% 的打折优惠。这是因为过去在制定“1+11”文件时，对改制企业的员工在岗没有制定进行经济补偿的政策。为鼓励员工持股，市政府确定了 35% 的优惠政策。后来情况变了，改制企业员工进行了身份转换，并且给员工进行了经济补偿。如果在此基础上再打35%的折，我认为，深圳的改革成本太高了。特别是李荣融同志在会议上反复强调，在大中型企业主辅分离的改革中，对国有资产的处置必须依法进行，坚持公开、公平、公正的原则，并按规定的管理权限和程序报批，不允许随意打折出售或低价处置。以后国资办要采取适当的方式，把这一条作为一项规定明确下来。

三、确保调整工作快而不乱，维护社会稳定

国有企业的改制涉及方方面面的利益关系。当时市政府出台的文件中，涉及很多重要的政策，这些政策与各方面的利益息息相关。能不能贯彻执行好这些政策，是深圳国有资本能否有序、安全、快捷地退出的关键所在。各个企业要严肃各项纪律，严格执行有关政策，特别是执行好有关涉及员工利益的两项重要政策。一是转制企业员工置换身份和现有企业的富余员工安置中的经济补偿政策；二是处理关于市属关闭、破产和改制企业离岗人员历史遗留问题的政策。在落实2003年退出计划中，这两项政策大体涉及3万～3.5万名员工，必须引起高度重视。

（一）关于富余员工安置和改制企业员工的经济补偿金的问题

2001年市政府出台的“1+11”文件，对企业员工下岗分流

安置补偿的政策是明确的，计算方法是严谨的，这些政策的基本依据是《深圳经济特区劳动合同条例》等有关法律法规。但是后来，市政府连续转发了有关部门的三个文件，对改制企业员工身份置换和当时企业富余人员分流安置的经济补偿政策开了两个大口子。

1. 补偿政策开了两个大口子

一是2001年12月18日市政府183号文件，对改制后仍留在企业的在岗员工能不能享受经济补偿的问题开了大口子。文件中只规定了基本原则，提出改制企业如果发生如转让、出售等质的变化，在岗员工可以转换身份，进行经济补偿。但没有明确转让出售多少股份比例才算是企业发生了质的变化，更没有明确从什么时候起改制的企业可以享受这项政策。

二是2001年6月1日出台了市政府42号文，对企业安置富余员工的经济补偿金的标准提出了大原则、开了个大口子。文件中要求对富余员工的安置补偿可以实行一企一策，只要员工同意，企业自身能承受，并且不把矛盾推向社会和政府，就可以采取更为灵活变通的安置办法。由于在涉及员工切身利益的重大问题上只提出原则意见，没有提出具体的可操作办法，因此，在实践中必然带来很大的混乱，各个企业根据自己的理解，各行其是，自立标准，使改制企业的员工补偿和富余下岗人员分流的补偿完全脱离了国家和省市有关法律、法规和基本政策，形成了相互攀比的趋势，不仅大大增加了改革的成本，而且引发了一系列新的矛盾。比如有的企业在计算工资总额时，连车补都算进去了；有的在前3个月平均工资的基础上随意再加系数；有的随意提高上年度社会平均工资的标准；有的在按劳动合同条例的规定进行补偿之外，随意增补12个月的工资补偿；等等。并且各企业之间相互攀比，越补越高。过去，安置一名员工的补偿金是3万~5万元，后来个别人员的经济补偿金计算到上百万元，报给国资办审批的补偿方案中最高达到73万元，有的企业司机下岗分流补偿达到35万元，并且还有不断升高的趋势，群众反响强烈。

2. 补偿标准应兼顾员工、企业和国家的利益

在这种情况下，市里以国资办与企改办名义于2003年3月8日发了暂停审批的紧急通知。紧急通知发出后，各个企业很重视，基本上得到了贯彻执行，说明市属企业各级领导班子的组织性、纪律性比较强。但也有个别企业没有执行，并且还以党政联席会的名义决定继续推行。对此，深圳市政府进行了严肃的批评，责令向国资办做了检查，并且全市通报批评。之所以这样严肃地对待和处理这个问题，主要是考虑到国有企业改革很复杂，涉及了很多方面的、很多人的切身利益，如果在基本政策方面没有统一规范的要求，不能做到令行禁止、政令畅通，国有企业的改革尤其是退出工作就不可能有序地进行。

深圳当时出台的经济补偿的范围和标准，充分考虑维护了广大员工基本合法权益，兼顾了各个方面的利益和要求，考虑

到了企业和国家的承受能力，同时也尊重了既成事实，尽可能地兼顾员工、企业和国家三者的利益关系。新的补偿标准有四个特点。

一是深圳的补偿政策照顾了工资水平较高的企业高中层管理人员的利益。文件确定补偿工资水平的最高限额为社会平均工资的5倍。如果参照其他政策，确定为3倍可能较为合适。当时国家的养老保险缴费标准最高是社会平均的3倍，国家有关的所得税减免的限额也是社会平均工资的3倍。2003年广东省政府发出了《印发关于修改〈广东省劳动合同管理规定〉第二十九条、三十条决定的通知》。通知中提到对1986年以前参加工作的员工生活补助费的补偿标准按社会平均工资的3倍封顶。深圳主要考虑如果也规定3倍封顶，可能会较大地影响企业高层经营人员的积极性，形成企业在经济补偿数量上过分平均的现象。据我了解，当时深圳市规定的5倍补偿标准在全国是最高的。

二是照顾广大员工，尤其是低收入弱势群体的基本利益。文件规定，员工工资低于社会平均工资80%，按80%来计算经济补偿金。这里有两个突破：首先是补偿标准保了底，这在当时国家、省、市有关规定中是没有的，国家和市里法规只规定本人前3个月平均工资，没有规定要保底；其次是补偿标准保底水平比较高，比社会保险缴费标准确定的社会平均工资60%的保底线还高很多。之所以这样规定，主要是考虑到有一些退出企业很困难，工人的工资水平低。我到深港建筑调研时发现，他们每个月平均只发500元的工资。如果20年工龄才补1万元，这怎么能兼顾大多数群众利益呢？

三是本企业工龄的计算范围比较宽。按照有关规定，本企业工龄是指在具有独立核算、具有法人资格的企业才是本企业工龄。如果严格按规定办事，一般来说，二级企业的工龄才是本企业工龄。但考虑能为退出企业的员工提供更好的条件，兼顾大多数员工的利益，深圳将本企业的工龄计算到一级企业集团。同时考虑到工程兵曾经有整建制划转的历史，以及少数由于企业重组整建制划转的情况，深圳把在资产经营公司范围内因整建制的调动，也算作本企业工龄，这也算是对为深圳特区建设做出过贡献的工程兵同志的一种照顾。

四是补偿的绝对水平是不低的。补步测算，如果本企业工龄是23年，外企业工龄是5年，一共是28年，那么按照当时的规定和标准，企业员工最高可补到28.22万元，达到平均工资水平的可以补到6.65万元，最低的可以补到5.2万元。比过去法规和政策的规定都高，也比过去大多数企业实际补偿水平要高。2002年投资管理公司系统人均安置费是3.7万元。

我觉得按照这个规定，向员工做好思想政治工作，讲明政策，大多数员工应该是可以接受这项政策的。我们的改革成本已经不低了。至于个别人不满意，那也只能多做工作，不能迁就其无理要求。对此，各企业的领导班子首先要提高认识，增强执行政策的自觉性。在这个基础上做好员工思想工作，绝不能再变相违反规定，更不能自立标准，各行其是，一旦发现，必须严肃处理。

（二）关于严格执行解决离岗人员历史遗留问题的政策

20世纪90年代初期以来，在国企改革和发展过程中，由于种种原因，一大批员工下岗了。由于当时条件，员工与企业的劳动关系不规范，有些企业没有与员工签订劳动合同，员工下岗时也没有与企业签订解除劳动关系的手续。对下岗人员，一些企业没有按照国家有关规定，发给下岗人员基本生活费，也没有续缴社会保险费。按照劳动部门的规定，员工只有办理了解除劳动关系手续后才能办理失业登记，并享受有关下岗员工的政策。由于劳动关系不明确，这些员工无法办理解除劳动关系的手续，因此也无法到劳动局办理失业登记，没有下岗证、失业证，也就无法到工商、民政等部门享受有关资助下岗员工的政策。这些员工完全被排除在深圳社会保障体系之外，成了深圳特殊的困难群体。后来有的企业破产关闭了，这些人的事就更没有人管了。这些人当中，除少数有能力的人目前经济状况比较好外，一部分员工到其他单位打零工，收入水平很低，打零工的企业绝大多数也不交社保。一部分人至今没有找到工作，这些人既没有领取下岗员工基本生活费，也领不到失业救济金，养老保险、医疗保险处于断档状况，有病不敢去医院，生活极为艰难。特别困难的员工甚至无法得到民政部门的最低生活保障。这些员工中多数马上到退休年龄了，面临着老无所依、老无所靠、老无所医，进不到深圳市的社保体系的情况，处境极为悲惨，心情可想而知。他们多次到市委、人大、政府反映情况，并上书党中央、国务院、省委、省政府，个别发生过激行为，成为社会不安定因素。在这个过程中，政府有关部门、上级产权单位和工会为解决他们的问题做了不少工作，但由于这件事是历史遗留下来的，情况比较复杂，政策不明确，问题一直得不到解决。为了创造一个深化国有企业改革的良好环境，本着尊重历史、实事求是的态度，我在工会和有关产权单位的协助下，看望了一些困难员工的家庭，同他们的代表召开了几次座谈会，多遍阅读他们的上诉信和有关企业的调研报告，反复了解他们的困难和要求。经过与政府部门的同志多次研究，最后下决心利用 2003 年的机会彻底解决这个问题。

1. 解决问题要合情合理合法

解决这个问题应该本着尊重历史、实事求是的原则，合情、合理、合法，兼顾国家、企业、员工三者利益，提出的方案能使三者基本接受。既要解决他们的问题，又不能代价太高，超出企业和政府的承受能力；不纠缠历史上的、法规上的、政策上的一些细节问题，把复杂问题简单化；尽快把他们纳入全市社会保障体系之中，解决大多数人员最困难、最需要解决的问题，保障他们的基本生活需要，为深圳的改革发展创造一个稳定的环境。

解决这个问题，深圳首先排除了离岗员工经济补偿金问题。因为按照当时国家有关法律和深圳特区劳动合同条例的规定，享受经济补偿金政策的员工要有两个基本条件：一是要与企业签订过劳动合同；二是要求是因企业原因而解除劳动合同的，并且要有解除劳动合同的有关手续。由于受历史条件的限制，这批离岗员工绝大多数当时没有与企业签订劳动合同，离岗时也没有办理有关合法手续。因此，对这些员工不能给予经济补偿，这是个大的原则。但是我们又要尊重历史，他们确实是国企下岗员工，有过与企业的劳动关系，应该按照国务院有关规定，享受下岗人员的有关政策，并且纳入全市的社会保障体系，解决最基本的生活需要。

本着这样的原则，深圳当时的文件做了一系列的规定，按照规定，凡是因企业原因离岗的深圳户籍的员工，自离岗之日起，补发生活困难补助费，补缴养老保险费，然后补办解除劳动关系手续，到劳动部门办理失业登记。失业登记期间，由劳动部门按规定免费组织再就业培训，免费推荐就业岗位。社保局按规定发放失业救济金，缴纳住院医疗保险费。同时，家庭人均收入低于城镇居民最低生活保障标准的，可以向民政部门申请享受最低生活保障，民政部门做到应保尽保。根据工会反馈的情况，绝大多数离岗员工表示愿意接受市政府这一政策，感谢市政府的关怀，并表示愿意协助有关方面做好工作，维护社会的稳定。

根据当时三家资产经营公司提供的资料，按照文件规定应该享受该项政策的大约有6 000名离岗员工，劳动部门按照这个政策测算，一个离岗10年的员工应补养老保险费1.35万元，生活困难补助费3.25万元，企业总共要支付4.6万元，而这4.6万元到离岗员工手上只有2.4万元。为什么？因为其中1.35万元回到了他本人的社保基金账户上去了，个人还需要补缴个人应缴养老保险费8 488元。应该说，离岗员工是基本接受这项政策的，企业和政府的代价也不高。

2. 执行中要掌握好的几个原则问题

由于这是解决历史遗留问题，各企业每个离岗员工情况比较复杂，为了贯彻好这个政策，我提出在执行中要掌握好以下几个原则。

第一，严格执行本规定的适用范围。文件规定范围有两类，一类是已经破产关闭的企业，另一类是将要进行改制的企业。已经改制处于正常经营的企业，这个政策不适用。因为企业还在，员工和企业在劳动关系上存在的纠纷，企业和员工都应通过合法途径，按照有关政策依法办事。

第二，享受这项政策的离岗员工，只能是因企业的原因离岗的员工。因个人的原因离岗的，用人单位可以为离岗人员补办劳动关系解除手续，但不承担离岗后的经济费用。

第三，解决这一历史遗留问题所需资金以产权单位解决为主，特别困难的企业由企业提出申请，市国有企业改革发展基金给予部分补助。

四、关键看落实

2003年，深圳国有企业调整的思路已经明确，政策已经到位，计划已经确定，关键在于有关部门和市属企业各级领导班子能否真正转变工作作风，真抓实干。为此当时我特别提出以下五点要求。

第一，退出工作要作为企业一把手工程，企业主要领导要真正负起责任。国有企业现有体制的特点是，一把手有很大的权力，但同时应当负起相应的责任。退出工作非常复杂，工作没有一把手亲自负责是不行的。各企业的一把手要敢于负责，果断决策，一些问题不能久拖不决。班子的其他成员要支持一把手的工作。年底要考核一把手，计划完不成，或者工作出了大问题，要由一把手负责。要建立层层责任制，真正把计划落到实处。

第二，要转变工作作风，提倡务实精神，少说多做。2003年内国有企业改革的情况有关部门对外不宣传，不介绍经验，不接受采访；对内不弄虚作假，不搞形式主义，按照经济规律办事；也不搞群众运动。各企业按照计划的要求和有关政策有序、扎实地做好退出工作。

第三，各部门、各方面要各司其职，通力合作，加强协调，提高退出工作的效率。企改办和国资办主要任务是监督、检查、协调、服务。国资办 2003 年春节前要对退出工作进行考核。企改办要深入调查研究，发现问题，及时反馈，及时总结。国土、工商、国资等各部门要按照市政府办公厅转发的《国有企业改制审批工作程序的通知》中的规定，履行承诺，讲求信用，确保退出通道的畅通。哪个环节出现了堵塞，就在哪里开现场办公会。

资产经营公司重点要抓好一级企业的整体退出工作，确保退出工作的完成。深圳 2003 年初一级企业的户头是 48 户，2003 年整体退出 14 户后，2004 年的户头市属一级企业，必须是 34 户。

授权经营的大型企业集团，2003 年要突出搞好主辅分离、富余下岗人员的安置工作，要有所突破。同时要加强管理，提高效益，做大做强。

各企业集团要做好列入计划的二级企业的退出、主辅分离、富余人员分流安置工作。2003 年下半年在合适的时候要召开一次企业富余人员安置分流的座谈会，交流经验，找出问题，更好地推动这项工作。2003 年底的考核和工作总结必须把这些工作作为重要内容。

列为退出计划的企业，包括一级企业、二级企业，要正确处理好进与退的关系，在坚持正常生产经营的前提下，搞好退出。越是退出，越是要加强管理。要保护好员工的合法权益不受损害，不留后遗症。要加强财务管理，处理好债权债务关系，保证债务不悬空。要防止国有资产流失，各企业的资产评估要保证不出现太大的偏差。如果发现哪个中介机构做假账，要采取行政手段：所有的市属企业不得聘用这些中介组织；在国资办备案登记，以后凡是这些中介的评估报告国资部门一律不承认。退出企业在重大问题上实行“三公”原则，提高透明度，有些问题要经过职工代表大会讨论通过。

第四，要落实好退出所需要的资金。2003 年退出的任务很重，企业的退出不光是需要大量的员工安置费用，还有大量的债务处理费用，资金不落实，工作也很难推进。为此，要采取多种途径。一是搞好债务重组，尽量争取银行削债，减轻债务负担。必要时市政府可以组织企业与银行的协调会，帮助企业和银行进行沟通。二是员工的经济补偿尽可能用净资产支付，少用现金。三是用好深圳市的国有企业改革与发展基金。由于种种原因，“1+11”文件中规定的每年财政划拨的改革与发展基金，除 2000 年外，连续 3 年没有得到落实。深圳市政府还在想办法补救，但能落实多少，还很难讲。对 2003 年为数不多的市改革与发展基金，主要用于补足特别困难的企业，并帮助个别困难企业解决历史遗留问题。

第五，要发挥深圳的政治优势，动员各方面力量，保持社会的稳定，为国有企业改革与发展创造良好的外部环境。2003

年深圳市的退出计划大体上涉及3万~3.5万名员工。其中整体退出的一级、二级企业中，户籍员工有1.36万人，劳务工为1.5万人左右，解决历史离岗人员大约有6 000人。富余人员下岗分流安置至少有3 000人，如果包括家属要涉及10多万人。为此，各企业要高度重视社会的稳定工作。由于当时市里出台的有关政策还是比较优惠的，照顾了绝大多数员工的利益，因此，大规模员工闹事的情况可以避免，但极少数人闹事的事件恐怕难以杜绝，在正常情况下，欢迎广大员工按照正常渠道反映问题，但对极少数无理取闹的，该严厉批评的要严厉批评，对个别扰乱正常工作和生活秩序的，有关部门和单位要采取果断措施，不能出大事。

深圳国有企业有一套比较完整的思想政治工作体系，有党组织、团组织、工会等，要相互配合，通力合作。改革中要发挥好这些组织的作用，特别是发挥好工会的作用。

建立长效激励机制，培育大批优秀国企领导人[①]

国企领导人激励机制建设这个话题是老生常谈，深圳在这方面做过很好的尝试。2003 年 9 月 10 日，深圳对成绩突出的深圳市农产品股份有限公司（以下简称农产品公司）原董事长林家宏进行公开奖励，奖现金 100 万元和自用小轿车一辆。对退休的国有企业领导进行公开重奖，这在国内还是第一次。这是深圳国企改革中的又一次大胆尝试。

一、在国企逐步建立有效的激励机制

2003 年商贸控股提出给林家宏奖励 100 万元和一部车。当时我听到林家宏同志主动提出不再担任农产品公司董事长职务，提前让青年同志接班的消息，便向冯裕林同志（时任商贸控股董事局主席）建议，像林家宏这样对国有企业发展有贡献的领导人，在其离开岗位时，不仅要在口头上给予肯定，而且要在

① 这是作者 2003 年 9 月 10 日在商贸控股公司表彰林家宏同志会议上的讲话节选，时任深圳市人民政府副市长。

物质上进行重奖，使这些同志退休后无后顾之忧；并以此为契机，在国企逐步建立有效的激励机制。

我非常支持农产品公司董事会和商贸控股公司董事会的这个决定。我认为林家宏同志受到这样的表彰是当之无愧的。林家宏同志非常谦虚，他说农产品公司的发展是市委市政府、商贸控股公司领导支持以及农产品公司全体员工共同努力的结果。这当然是对的，但是一个国有企业若没有好的领军人物、核心人物来领导也很难发展。农产品公司从一个总资产 517 万元的小批发市场起家，经过 10 多年的努力奋斗，到 2003 年形成一个总资产 33 亿元、净资产 13.7 亿元、年利润 1 亿多元、利税近 3 亿元的农产品行业领军企业，连续多年荣膺全国 50 家优秀上市企业之一。农产品公司在激烈的竞争中，能够发展成全国知名的龙头企业，不仅为深圳提供安全保险的“菜篮子”，而且在北京、上海、南昌等地建立了批发网络，这个成绩不是吹牛皮吹出来的，不是树假典型树起来的，而是靠政绩、靠业绩、靠实干干出来的。如果没有林家宏同志多年来呕心沥血、严于律己、勤政廉政地做好各个方面的工作，农产品公司达不到这样的业绩。

深圳 1996 年前后在国有企业提出搞多少个超百亿元企业集团的宏伟目标，大多数没有成功。其原因是多方面的，包括我们的国有企业应该有进有退，不可能每个企业都超百亿元。但是有一些企业垮台的重要原因是企业领军人物没选好。农产品公司的林家宏同志的确是非常优秀的国有企业家代表。我曾经发感慨说，深圳全国知名的企业家太少，现在一说国有企业的领军人物全国都会想到 TCL（智能产品制造及互联网应用服务企业）的李东生，青岛海尔的张瑞敏等。对林家宏这样的企业家给予适当的表彰，100 万元的奖金，我认为并不多。如果 20 世纪 80 年代给奖励 100 万元，那可能会造成轰动。2003 年给这个奖励，恐怕不是个大新闻。对林家宏同志的精神鼓励是主要的，物质鼓励是次要的。政府主要是想表明一种态度，对优秀的企业家，就是要奖励，要形成强有力的激励机制，使企业领军人物的价值在国有企业也可以实现。

深圳市对林家宏同志的表彰不仅是对他个人的表彰，也是对深圳商贸控股公司所属企业一大批优秀企业家的肯定。比如深圳市粮食集团有限公司（以下简称深粮集团），排全国十大粮商第四名，这是了不起的，因为这是竞争性很强的微利行业。深圳下一步搞改革，搞员工持股，要建立长效的经营机制，超额利润可转为企业骨干团队的股份。企业发展了，效益增加了，企业家得到的报酬要与其在人才市场的价值挂钩，可能会超百万元。不要等到企业家退休了，才给他奖励 100 万元。深圳奥康德集团股份有限公司（以下简称奥康德）当时的改革对深圳国有企业起了很好的引导作用。它在 2003 年推行的二级企业改制，取得了很好的成绩；邹洪同志领导的深圳市巨邦饮食服务有限公司（以下简称巨邦）从事的是服务业，每年有几千万元的盈利，最高达到 4 000 万元，2003 年中秋节卖月饼就超过了 20 万盒，也是很不容易的；汤志远同志是在最困难的时候接任中国深圳对外贸易（集团）有限公司（以下简称外贸集团）总经理的，付出的代价更大。

中央提出两个“毫不动摇”，即毫不动摇地发展国有经济，毫不动摇地发展民营经济。当时省里、市里开会，对民营经济大力表彰，披红戴花，意气风发，这当然是对的，因为民营企业是深圳市场经济的重要组成部分。但同时也要毫不动摇地发展深圳国有经济，深圳国有企业的优秀企业家也一样能披红戴花，扬眉吐气。我们要为国有企业改革创造良好的环境。不要以为国有企业的企业家都像个别出了事的人那样。绝对不是的，他们中的绝大多数人都在为国有企业改革和发展兢兢业业，默默奉献。所以我认为对林家宏同志的表彰，不仅是对他个人的表彰，也是对国有企业优秀企业家的充分肯定。

二、国有企业发展需要好的机制和好的领导人

从农产品公司的发展和林家宏同志多年的经历来看，国有企业想在市场竞争中拥有一席之地，需要具备两个条件：一个是好的机制，一个是好的领导人。

机制方面，农产品公司一开始就采取股份制，后来又改造成为员工持股，最后又上市成为公众公司，并按照上市公司的规章和证监委的严格要求运作。产权主体多元化的机制，是

深圳企业发展的一个重要机制。其实深圳在农产品的股权才26.6%，就控制了这么一个大企业，每年税收3亿多元。如果国有企业搞不好，不赚钱，甚至亏本，即使占100%的国有股权那又有什么用呢？所以我们要坚定不移地推进产权主体多元化，坚定不移地创造一个好的机制，为深圳国有企业的发展打下良好的基础。2003年往后看，深圳好几家企业将要进行改革，包括深粮集团、深圳市物资集团有限公司、深圳市旅游（集团）股份有限公司、巨邦等。奥康德改革分三步走，第一步是瘦身，第二步是二级企业改制，第三步是总体改制。当时我和黄剑雄同志商量，建议把二级企业的改制和总体改制很好地衔接，在二级企业改制的时候就可以思考未来的方案，不用等所有二级企业改制完以后才考虑。深圳所有国有企业都要做到产权主体多元化，形成一种合理的产权机制、有效的监督机制、有效的激励机制。从农产品公司的发展来看，产权主体多元化是很重要的。如果是100%的国有企业，还是那套机制，企业负责人即使再努力，农产品公司也很难发展成现在这样。

领导人方面。企业想在竞争中赢得市场，除了有一个好的产权机制，还要有一个好的领军人物，好的带头人。深圳一些国有控股的上市公司为什么垮掉了呢？原因之一是缺一个好的领军人物。当时奥康德一位职工给我写信，谈了他的感受。他说国有企业最关键的是要有一个好的领导。下一步深圳的企业改革，其核心一是产权制度的改革，二是用人制度的改革。把产权主体多元化搞好，还要把人用好，特别是领军人物要用好。否则，企业就是改成股份制，也要垮台。私营企业如果没有好的领军人物，也一样垮台。所以企业改制一定要选好领导人。

深圳国有企业的改革，需要有一大批优秀企业家队伍，需要有一批想干事、能干事、会干大事的领导人物。对这些领导人物，深圳资产经营公司、政府各部门要给予特别的理解、特别的支持、特别的关心、特别的爱护。我为什么要提这四个特别？因为我知道，当企业家比当政府官员难得多。企业家要讲效益，企业一天发不了工资都不行。许多优秀企业家在改革中可能受到的威胁、遇到的挫折与困难非常多。政府应该给予他们积极的支持和帮助，尽最大可能减轻他们的压力和负担，创造干事创业的良好环境和机会。

三、加快国有企业用人制度改革

深圳怎样才能出现更多像林家宏同志这样的优秀企业家？我认为最关键的是，要加快领导人管理体制的改革。不加快用人制度的改革，出现优秀企业家也属偶然。企业领导人管理制度，包括通常讲的领导人选拔机制、激励机制和约束机制——特别是选拔机制和约束机制，要更注重由市场机制来选人。深圳要通过招聘、公开竞争上岗、中介组织推荐等渠道，搜寻需要的企业家。

企业家的选择，一定要用市场机制，不能总用传统的组织配备的方式。组织配备也不是完全不对。但是，靠市场机制来选人，这是一个大方向。当然，怎样把党管干部的原则与市场选择相结合，还需要不断探索和研究。

对市场机制选出的企业家也要有合理的薪酬。对企业家做出的贡献、承受的风险，要合理地认同。否则，即使招进来了也留不住，发挥不了积极性。在这方面深圳做得还不够，长效机制还不够健全。按照国际惯例，企业家的薪酬有几部分，包括基本年薪、奖励、期股、期权、社会保障等，是一个合理的薪酬体系。过去我们的薪酬体系不健全，长效激励机制没有建立，光在每年发放现金数量上打主意，这不能合理地反映企业家应有的薪酬水平。优秀的企业家得不到应有的报酬，而且越优秀、越规范的企业越不敢动，越得不到应有的报酬。反而一些亏损企业，不规范的企业、却乱发工资和奖金。深圳一定要建立一个合理的体系，保证企业家的合理收入。市体改办从2003年起草国有企业推行长效激励机制的指导性意见，每个企业根据不同情况采取参股、入股、期股、期权、利润分成等方式，建立业绩和收入挂钩机制。这对稳定企业家队伍很重要。

要严格按照公司法办事，守法经营，勤政廉政。要建立严格的制约机制，没有一点制约，要成为一个优秀的企业家很难。下一步一定要加快国有企业领导干部机制改革，对领导人的选择、薪酬、约束等进行改革，用制度、机制来培育更多优秀的企业家。

以“十条禁令”为契机，转换国企内部经营机制①

2003年深圳市国有企业面临民营经济、外资经济的严重挑战，市场竞争日益激烈，转换内部经营机制是国有企业发展中不可逾越的一道坎。这个坎过不去，深圳的国有企业在市场经济条件下就难以生存；过了这个坎，深圳有可能出现一批竞争力强、机制灵活、效益较好、能适应市场经济需要的国有企业。2003年的会议在深圳国有企业改革和发展的历史上起到了重要作用。

自改革开放以来，深圳特区体制改革先行一步。在国有企业和国有资产管理体制改革方面，为全国提供了许多先进经验，也促进了国有企业的发展。深圳国有企业从无到有、从小到大、从弱到强，也曾经有过辉煌。在相当长一段时间内，深圳国有企业凭借体制的优势，发展还是相当不错的。根据国家国有资产管理局统计，1995年，深圳市国有资产总额在全国（包括计划单列市）排第23位，但实现的利润是59.3亿元，居第4位。

---

① 这是作者2003年11月7日在深圳市国有企业贯彻《十条禁令》、加强经营管理工作会议上的讲话节选，时任深圳市人民政府副市长。

在效益指标统计中，有五项主要指标全国第一，其中总资产报酬率，全国平均是3.7%，深圳是7.2%；净资产利润率，全国平均是3.7%，深圳是12.9%；资本收益率，全国平均是3.9%，深圳是21.5%；销售利润率，全国平均是2%，深圳是9.8%；获利倍数，全国平均是1.34，深圳是2.17。尽管1995年的统计指标可能有点水分，但深圳国有企业的质量和效益应该是比较好的。这些成绩的取得，是国有企业员工努力的结果。

在充分肯定过去成绩的同时，我们必须清醒地认识到面临的危机。进入21世纪，深圳市的国有企业，不仅在改革方面与兄弟省市有了一定的差距，而且在经营管理、机制转换、企业发展方面也落后了。虽然国有企业资产总量有一定的增长，但经济效益在不断下降。市属国有企业2002年的利润只有51.4亿元，比1995年下降了13%。在利润水平下降的同时，深圳市国有企业在经营管理和企业发展方面，还存在着资产质量恶化、财务风险增加、一批重点大型企业已经被迫退出或惨淡经营、一批国有企业领导人纷纷落马、经营机制没有得到有效转变等突出问题。

经过21世纪头几年的努力，虽然深圳在转换内部经营机制上做了不少工作，但总的来说，企业内部经营机制并没有得到根本转变，远远不能适应市场经济激烈竞争的需要。深圳国有企业能生不能死、干部能上不能下、工资能高不能低、人员能进不能出的现象，依然普遍存在。深圳国有企业经营效益在全国不是最高的，但经营者和企业员工的工资水平却是全国最高的。

一、国企发展面临困境的原因

造成 2003 年种种问题的原因是多方面的。最主要的是深圳的改革不到位，包括产权改革不到位，国有经济布局的战略调整不到位，企业领导干部管理体制不到位，国有资产管理体制改革不到位，企业内部的激励机制不到位，等等。

（一）国有企业存在的问题主要应该由政府承担

从政府和企业的关系上讲，国有企业存在问题的主要责任，我认为应该由政府承担。比如，国资委对国有资产疏于管理，对国有企业的改革措施督办落实不力，出资人的责任没有到位。国资办作为国有资产的专职管理部门，主要职能就是实现国有资产保值增值，对大量的不良资产负有责任。劳动局作为国有企业工资总额管理的主管部门，对市属企业的分配失控局面也有责任。审计局的一项重要职能就是对国有企业进行重点审计。国有企业出现了上百亿元的不良资产，造成了大量的流失，审计部门有一定的责任。体改办对国有企业和国有资产改革不到位，也有一定的责任。金融银行部门也有一定的责任。

（二）国企内部管理不善也是重要原因

从企业的角度来看，深圳企业内部管理不严，经营不善，不主动转换经营机制，缺乏有效的监管机制，也是主要原因。国有企业领导班子也有不可推卸的责任。深圳不少企业对主导产业和主营业务定位不明确，缺乏长期的发展战略，或急功近利，或盲目扩张，盲目追求规模，盲目追求多元化，经营不善，造成巨大损失。再如，国有企业普遍存在经营不善、管理混乱的问题。其中，2003 年仅投资管理公司系统的企业，因催收不力形成的坏账就有 11.27 亿元；借款收不回来的达 4.7 亿元；关联企业停业倒闭、造成往来款收不回来的达 21.86 亿元；因担保造成的连带责任损失达 6.8 亿元。有的企业各项管理制度不健全，或者执行不严格，也是比较突出的问题。有些企业对投资、担保、借款、现金支付都有制度，但实际上没有落实，造成很大损失。做假账也是国有企业经营管理中的突出问题，有些企业为了考核利润，或为了分类定级，不少在做假账。其中 2003 年仅投资管理公司系统的企业，因做假账形成的不良资产就达 24.44 亿元，占整个不良资产的 20.97%，虚假利润高达 6.14 亿元。所以，2003 年前后国有企业管理不善、经营无方、监督不力是不可否认的事实。

（三）竞争性领域的多数国企要被迫退出

当前深圳国有企业深化改革、加强管理、转换机制的问题很多，任务相当繁重。对此，深圳必须有清醒的头脑，切不可碌碌无为，得过且过，也不可为取得一点成绩就骄傲自满。要有强烈的危机感、紧迫感。我认为，2003 年之后的几年，是深圳国有企业非常困难甚至是生死抉择的时期。党的十六届三中全会审议通过的《中共中央关于完善社会主义市场经济体制若干问题的决定》，既给深圳国有企业改革指明了方向，也给深圳增加了巨大的压力。国有企业效率低、成本高、机制死，在市场竞争中处于劣势地位，逼得深圳不改不行。

2003 年，竞争性领域的多数国有企业，毫无疑问已经被迫要退出去。这是不可逆转的。我们能做的只能是使这些企业有序、快捷、安全地退出。深圳的国有企业主要靠公用事业、基础设施中的垄断和特许经营的地位，来维持国有经济的存在和发展。国资办的材料表明，2002 年能源、港口、机场、公交、燃气、水务六家公共设施企业的国有净利润为 11.81 亿元，占深圳市国有净利润的 62%。中央三中全会有个重要的决定，将允许非公有资本进入法律、法规未禁止的基础设施、公用事业及其他行业和领域。并且在投融资、税收、土地利用和对外贸易等方面与其他企业享受同等待遇，支持非公有制中、小企业的发展，鼓励有条件的企业做强做大。国家的这个政策，对处于优势领域的国有企业形成了巨大压力。三中全会的这个决定，倒逼处于垄断领域的国有企业加快改革，加强管理，转换机制，提高核心竞争力。否则，这些企业一旦失去垄断和特许经营地位，在与非公有制企业的竞争中，必将会被打垮。这也是我一再强调做强做大的企业，要加快主辅分离、富余人员分流安置的步伐，尽快提高这些企业核心竞争力的原因。

二、深化改革，建立严格的监督约束机制

坦率地讲，要真正建立起对企业领导人的监督约束机制，最根本的是要深化各项改革。包括加快产权主体多元化，建立完善的法人治理结构；加快企业干部管理体制的改革，培养和发展经理人才市场；完善国有资产管理体制的改革，真正使出资人到位；规范各类中介组织，加强社会监督体系的建设等。但是，在我国现有的社会、经济、政治体制改革还一时难以到位的情况下，在市场经济体制还不完善的情况下，用行政手段、用禁令的方式来强行约束企业领导人的违规行为是非常必要的。

（一）对国企领导人要做到“四个特别”

2003 年 9 月，我在商贸控股公司召开的对林家宏同志的表彰会上讲过，深圳国有企业需要一批想干事、能干事、能干成大事的优秀企业家队伍或企业的领军人物。对这些企业家，党委和政府要给予特别的理解、支持、关心、爱护，尽最大努力减轻他们的压力，为他们创造一个干事创业的良好环境。

那么怎么样才能做到对企业家“四个特别”？

第一，给优秀企业家提供一个平等竞争的机会。这就涉及企业领导人管理体制的改革。要给想干事、能干事的具有企业家素质的同志提供一个平等竞争的发展机会，要通过招聘、竞争上岗和猎头公司搜寻等多种方式来选择企业家。企业家的选择，一定要引进市场机制，不能老是搞传统的组织配备。当然组织配备也不是完全不对，现在是组织选择和市场选择相结合。但将来的方向一定是要市场选择，这是个大方向。不能让跑官、买官的人来负责国有企业。决定你能不能当老总的是你能否对员工、对企业、对市场负责。

第二，建立健全有效的激励机制。要承认企业领导人对企业的贡献，要借鉴国外企业的经验，要建立经营者合理的薪酬结构体系。深圳过去在这一方面做得不够，以后要继续努力。

第三，建立严格的监督约束机制。绝对的权力会催生腐败，不能光靠激励、光靠哄来培养优秀企业家。没有有效的监督约束，企业家为所欲为，不可能成为优秀的企业家。世界上任何一个优秀企业家都是在有健全的监督机制的环境中产生的，如果不敢监督，不敢约束，最后会害了企业家。

（二）“十条禁令”是对国企领导人的关心和爱护

由于种种原因，很少人敢对国有企业家进行批评，这是非常危险的。为什么对国有企业家不敢批评呢？除了怕得罪人外，我认为还有私利。

深圳抓监督机制，可能会有人骂。但是通过监督机制，企业家能为国有企业做好贡献，不出问题。“十条禁令”是对企业家的关心、爱护。

李鸿忠市长讲，“十条禁令”门槛不高，这个禁令是防君子不防小人。如果连“十条禁令”都做不到，还谈什么当国有企业的优秀领导人呢？过去有关方面做了不少规定，制定了几十个不准，后来都没落实，等于一张废纸。市委市政府 2003 年的态度非常明确，在禁令面前人人平等。闯了高压线就要按“十条禁令”办，没有下不为例。今后对碰了禁令的同志，不仅本人要被撤职，上级产权单位也要检讨，总结教训。

三、转换经营机制，尽快适应市场经济竞争的需要

如何切实加强管理，转换经营机制，使市属国有企业尽快适应市场经济竞争的需要？我想了很长时间，认为关键是要学习广东粤海控股集团有限公司（以下简称粤海）的经验，对企业经营和发展的突出问题，敢于碰硬，狠抓落实，言必信，行必果。粤海董事长武捷思同志讲过五点，我认为切中了国有企业的要害，这五点是，“该关的企业要关，该撤的官要撤，该减的人要减，该管的事要管住，该给的尽量给足”。这五点如果认真地去做，深圳国有企业的面貌一定会有大的改变。李鸿忠同志对学习粤海经验非常重视，专门做出批示，要求深圳在全市

国有企业推广。并且要求学习粤海，“自觉贯彻的，就让其自觉执行；不自觉的，强行推行。在深圳市的国有企业改革和加强管理工作上，一定要加大力度”。为贯彻鸿忠同志的批示，市属企业在学粤海方面做了不少工作。投资管理公司专门组织到香港去学习，建设控股公司专门请武捷思同志来介绍经验，很多企业都主动学习。但是，学习粤海、加强管理、转换机制的工作，还不平衡，个别企业还在观望。这种情况必须尽快改变。我对市属国有企业下一步的工作提出五个方面的要求。

（一）加快产权制度改革和国有经济布局的调整，实现该退的企业坚决退出的目标，建立企业优胜劣汰的机制

第一，2003 年 14 家列入改制的企业一定要如期完成。现在已有 7 家，包括食品公司，上万名员工已基本做到了有序、安全、快捷地退出。还有 7 家，其中石化集团和莱英达集团是 2003 年深圳市国有经济布局调整的标志性工程，希望有关部门加紧工作，一定要如期顺利完成。

第二，2004 年要进一步加大产权改革力度。一级企业都要全面实行产权主体多元化。并把产权主体多元化的改革，同企业领导人的长效激励机制的改革结合起来。

第三，2004 年要加大上市公司的重组力度。一部分效益差、质量差的上市公司要果断退出。通过上市公司控股权的转让，引进一批核心竞争力强、规模大、效益好的产业集团，培养上

市公司可持续发展的能力。对现有比较好的国有控股上市公司，也要有计划地减持股比例，以促进上市公司现代企业制度的建立。

第四，对那些需要做强做大的企业集团的主辅分离工作，建议大家不要犹豫。深圳国有企业多元化经营、主业不突出的代价是上百亿元的不良资产。石化集团曾经提出要做强五大产业，包括金融、贸易、工业、房地产等，结果造成20多亿元的资不抵债。能源集团在主辅分离方面给我们开了个好头，能源每年赚15亿元；妈湾总厂被评为国内一流火电厂，多项技术经营指标全省全国领先。能源集团能够提出主辅分离、富余人员分流安置的计划来，我想其他企业更应毫无理由地这样做。

为了配合企业做好以上工作，政府要配套出台两个文件。第一个文件是关于在企业改革和调整中领导人分流安置的指导意见。对于因为国有经济布局调整需要退出企业的领导人，将分别根据不同情况，采取持股、内退、过渡性地养起来、组织适当安排、推荐监事、董事等方法，体现政府对企业领导人的关心、爱护。这一点是保证劣势企业退出的一个很重要的条件。第二个文件是《上市公司二级企业改制和员工分流安置的有关意见》，为上市公司主辅分离、富余人员分流安置提供政策依据，创造有利条件。

（二）以业绩、效益为中心，对企业的领导班子进行全面考核，实现该换的干部一定要换下来的目标，建立干部能上能下的流动机制

多年来的实践证明，该撤的官撤不下来，这是国有企业难以搞好的重要原因。为了使大家容易接受，我看可以不用“撤”这个字，改为“换”字，叫作该换的干部一定要换下来。考核的方式要改革，不能完全按照现在的行政干部管理体制的考核标准和办法。考核要业绩至上、效益至上，以效益、业绩论英雄。不要用一些虚无缥缈的指标来考核企业领导人。一些考核行政干部的标准，对企业家来讲只能作为参考。要以会计师事务所出具的年度审计报告为基本依据，用数据说话，用事实说话。要根据考核，对企业领导人员，该调整的调整，该换的换，要形成能上能下的竞争机制。在企业干部安排上，要坚决防止拉拉扯扯的跑官、要官。

我这一生最恨的就是官场跑官、要官的腐败风气。我分管国有资产，虽然没有直接任命企业领导干部的权力，但还有些建议权。对这点建议权，我也要用好。2003 年初回深圳工作时，为了防止有些人到我这里跑官、要官，我曾经讲，我不向企业推荐任何人，干得好的都是我的朋友。我把这个想法跟李灏同志谈。李灏同志说：“这个想法也对也不对，要官的不给他，这个是对的；但是你还是要注意发现人才、推荐人才，这是你的工作责任。”我考虑后认为应该有这两条：第一条是与企业领导

人建立正常的同志式的关系，不搞拉拉扯扯，亲亲疏疏，为人正派，推荐人出于公心，不谋私利，不给跑官、要官的人钻空子；第二条是尽量不向企业和资产经营公司推荐人才，实在特别需要推荐的人才，仅限于推荐，由企业和资产经营公司去考察，用不用，安排什么职务，个人不去干预，更不能向有关方面施加压力。

另外，考核调整干部的时间要快，不能拖得太久。现在我们调整考核过程太长，有的几个月、半年定不下来，严重影响工作。尤其是企业，都要处理大量的经济事务，班子的事一点都不能拖。投资管理公司对一个企业领导班子的考核，几个月还定不下来，肯定影响工作。为此，要果断地尽力排除一些干扰，包括排除上面一些人为谋私利而插手干预。

（三）层层建立严格的规章制度，保证出资人到位，实现该管的事一定要管住的目标，建立严格的监督约束机制

建立严格的监督约束机制是企业管理中最难、最复杂的事情，需要做长期的努力和探索。但现在必须有紧迫感。除了属于国有资产管理体制改革这些全局性的措施外，各企业要结合学习粤海经验和贯彻“十条禁令”，根据自身的实际，首先要堵漏洞，然后再进行完善。检查一下重大投资、担保、资金调动、薪酬管理等重大问题上有没有漏洞。如果有，尽快堵上。在堵住大漏洞的前提下，要研究科学的工作机制。比如粤海的计算

机表决、账户管理等一些办法，值得学习。

在建立监督约束机制方面，我希望大家学习粤海，转变观念，树立政府雇员、国家雇员的概念。国有企业的资产是国家的、是出资人的，不是经营者的，是国家和政府委托你来经营的。你要严格按照国家和政府的有关规定，不能随心所欲，想怎么就怎么干，不能形成内部人控制的局面。对已经形成内部人控制局面的企业，上级产权单位必须采取紧急措施予以调整。否则，国有资产监管就是一句空话。

（四）落实好员工安置政策，建立员工能进能出的流动机制

当前国有企业机构臃肿，人浮于事，成本高，效率低，内耗重。这是国有企业竞争力低下的重要原因。公司人越多，越没事干，闲着没事干就惹事，结果成本高，效率低。不仅基层员工多，管理人员也多，领导班子人也多。2003 年以来，虽然有些企业在分流富余人员方面做了很多工作，但从全市的角度来看，这个问题没有得到根本解决。我们一个户籍员工的工资等于一个劳务工工资的四倍，而干活呢，是四个户籍员工顶一个劳务工。这样的机制怎么能行呢？怎么有竞争力？而这个问题是最难的，老是啃不动。这个关不攻破，这个坎过不去，国有企业将难以长久生存。

为什么国有企业富余人员分流安置这么难呢？我分析有两个原因。第一个原因，领导班子怕闹事。一说减员，员工就闹

事，影响企业的正常工作秩序，有的甚至威胁领导人的安全。所以领导人怕惹麻烦，得过且过，不到发不出工资的程度，就不去碰这些难事。第二个原因，领导怕得罪人。国有企业，特别是还赚钱的企业，里面的人很多都是靠关系进来的，一减员就减到关系户头上。一些关系户掌握着企业发展的一些重要岗位，企业不敢得罪。怎么办呢？我想，首先企业要下决心，员工要转换观念。都要像能源集团那样，要制订富余人员分流安置计划。按照计划，分期分批，有步骤地按照市政府有关员工分流安置各项政策来进行分流。此外，政府有关部门要支持企业分流安置，尤其是市领导要支持这项工作。怎么支持呢？凡是企业按政策对分流的员工进行了安置的，落实了政府有关政策的，党委、人大、政府、政协、工会等都应该支持。因分流安置而影响正常秩序的，公安部门都要尽快采取措施恢复正常秩序。对违法乱纪的，由公安部门依法来处理。企业领导人员如果因此受到威胁，有关方面必须加以保护。这样国有企业改革才能正常进行。市有关方面的领导更要支持企业的改革，要表扬敢于碰硬、敢于分流安置富余员工的企业领导人。

（五）完善年薪制，建立激励与约束相结合的分配机制

激励与约束是不可分的，约束机制的完善必须要有激励机制配套，激励和约束是出资人对委托代理人降低代理成本的不可分离、相辅相成的两种手段，缺一不可。我心里非常清楚，

不抓紧完善企业的激励分配机制，仅仅依靠“十条禁令”，恐怕是难以持久的，起码是留不住人才的。所以，在和其他同志一起研究“十条禁令”的同时，始终没有放松研究完善激励机制的问题，尤其是2003年国有企业第一次真正实行年薪制，还有很多不完善的地方。在实行年薪制的时候，除了少部分确实由于企业的原因而业绩下降、必须降薪酬以外，还得兼顾和保护大多数人的积极性。为此，深圳市政府采取两条措施完善激励机制。第一，进一步完善2003年出台的年薪制。对年薪制办法中明显存在的不足，我们应实事求是地进一步完善。比如2003年深圳市年薪的考核，绩效年薪让资产经营公司去考核，就不按照财政部规定的全国统一标准去考核了。激励年薪这一块，深圳市也适当提高一点比例，使之能够更好地体现该给的要尽量给足的精神。第二，要出台《关于建立经营者长效激励机制的指导意见》。文件出台后，各个企业要根据文件中的五种方式，选择确定本企业长效激励机制的具体方式，并按程序报批，尽早在国有企业推行。

国资委应该如何管理国有资产[①]

改革开放以来，在我国由计划经济向社会主义市场经济转轨的过程中，一个世界性的难题摆在我们面前。这就是，国有企业如何与市场经济相结合，以提高效率，激发活力，适应市场竞争的需要？国有资产如何在转轨中得到保值增值，维护国家和人民的根本利益？国有资本如何在转轨中得到调整和发展，继续发挥在重要领域的影响力和控制力，继续成为社会主义制度的重要基础？解决这个世界性的难题，需要我们党和国家，以超常的勇气和智慧，在理论和实践中不断探索和创新。

深圳经济特区，作为中国改革开放的试验田、排头兵，从1987年7月全国第一家投资管理公司的成立，到1992年9月全国第一个国资委的成立和三个层次国有资产管理体系的形成，从1996年3月三家资产经营公司的成立，到2002年五家大型国有企业集团实现授权经营，深圳的国有资产管理体系不断调整和发展，理论上和实践上的探索不断深入。这些改革举措，为全国国有资产管理体制改革提供了宝贵的经验，也促进了深

① 这是作者2004年7月30日在深圳市国资委挂牌仪式上的讲话节选，时任深圳市人民政府副市长。

圳国有经济的不断发展壮大。1987 年投资管理公司成立时，深圳市国有企业总资产 82.56 亿元，总资本 16.1 亿元。而到 2004 年 6 月，市属国有资产的总资产达到 1 518.89 亿元，净资产达到 700.92 亿元。

党的十六大总结了十多年来我国国有资产管理的经验（包括深圳的经验），决定对国有资产管理体制做出重大改革。2003 年，国务院相应出台了《企业国有资产监督管理条例》。国家国资委和各省国资委相继成立。2004 年 4 月以来，深圳市委市政府按照国家和省里的要求，组建了深圳市国有资产监督管理委员会，作为政府的特设机构依法行使国有资本出资人的职能，实行“权利、义务和责任相统一”“管资产和管人管事相结合”的新的国有资产管理体制。

深圳市国资委的正式挂牌，仅仅是繁重而艰巨的工作的开始。国有企业的改革、发展、稳定以及监管，还有大量的工作要做。2004 年下半年，市国资委要按照市国资国企领导小组第一次会议的要求，全力以赴抓落实，争取年底向市委市政府和深圳市国有企业员工交出一份满意的答卷。我向市国资委提出过以下几点要求。

一、国资委要有强烈的责任感和危机感

截至 2004 年 6 月，深圳市属国有企业资产 1 518.89 亿元，

净资产700.92亿元，其中国有净资产413亿元。除此之外，深圳市还有大量的机关事业单位的经营性、非经营性的国有资产。这些资产，一部分是20多年来历届政府通过财政投资形成和积累起来的，凝结了历届领导和广大市民的心血；另一部分是国有企业通过自身发展，通过赢利积累起来的，是国有企业广大员工辛勤劳动的结晶；还有一部分是随着特区土地价格上升而增值形成的，是国有企业分享了深圳改革开放和经济发展的成果。深圳市委市政府把这巨额的国有资产交给国资委去监管、去经营的同时，也意味着赋予了国资委重大的历史责任。管好了，符合党、国家和人民的根本利益；管不好，将要受到历史的审判和谴责。可以说，国资委身上的担子不只是“千斤重”，而且是“千亿元重”。

这里要特别指出的是，虽然深圳市国企改革和国资管理做了大量工作，取得了一定的成绩，但由于种种原因，国企改革和发展中还存在很多问题，与一些兄弟地区相比还有不少差距。2003年深圳仅仅是结束了改革和发展的徘徊局面，并不意味着各项改革和发展都走在全国前面，更不意味着国有企业改革和发展中存在的问题都已经得到解决。对此，国资委的同志一定要保持清醒的头脑，奋起直追，扎实工作，力争为全国的改革和发展继续做出更大的贡献。当前国企改革要整体推进，监督管理要切实加强，经济效益要明显提高，企业经营要较快发展。既要加快国有经济布局的调整，搞好竞争性领域企业的改制，也要做强做大一批重点企业。

二、国资委要把握好自己的角色

21 世纪初的国有资产管理体制改革，是自上而下地在国务院《企业国有资产监督管理条例》的基础上进行的。一些大的原则，在《企业国有资产监督管理条例》中已经明确，深圳应该认真贯彻落实。但在具体运作方面，仍然存在大量的问题需要研究和探索。在探索过程中，国资委要把握好自己的角色，防止缺位、越位和不到位的现象。与过去的国资办、企改办、资产经营公司相比，新的国资委要做好“四个转变”，实现“四个到位”。即“角色转变”：从办事机构、协调机构向出资人特设机构的转变；“功能转变”：从办事、协调、服务、指导的功能向对国有资产的实际监管、经营、运作功能转变；“观念转变”：从单纯的政企分开、不干预企业日常经营活动，向在不干预企业日常经营活动、不侵犯企业法人财产权的前提下，切实行使好出资人权利的观念转变；“作风转变”：从侧重于重视调查研究、协调、服务、务虚为主的机关作风，向重视实践、务实为主、讲究效率、提高效益的企业作风转变。通过这“四个转变”，实现“四个到位”：国有资产监管的范围和力度到位，防止出现监管的真空地带；投资企业的重大决策到位，防止企业重大决策失误；企业经营者的选择和管理到位，防止内部人控制现象；投资收益的收益要到位，不断提高投资效益。

三、抓住重点，大胆突破，加快推进各项改革工作

当前加快深圳市国有企业的改革，已经是大势所趋，人心所向。深圳多年来的改革实践表明，只有通过改革，加快调整，转换机制，提高竞争力，国有企业才能有生存空间，才能得到有效的发展。2003 年在市委的领导下，在各方的共同努力下，打破了深圳市改革多年徘徊的局面，得到各方面的认同和共识。成绩来之不易，代价不小。因此，国资委要加快推进，做到企业的改制不能停滞不前，上市公司的重组不能半途而废，做强做大的企业不能坐而论道，将要改制企业的内部经营机制进行转变而不徘徊观望。在工作方式上，国资委不能完全按照党政机关的一套程序、办法、规定办事，要更多地根据企业的实际情况，按照市场规律的要求，讲效率、讲效果、讲效益，以适应市场竞争的需要。因此，一些重要的改革工作不能久拖不决，决而不行。要以国资改革带动国企改革，以国资国企改革促进国有企业的经营和发展。如果新的国资体制不能促进国企改革的深化，不能推进国企的经营和发展，那么组建国资委又有什么意义呢？

按照国务院政府机构改革的原则，国资委作为政府特设机构，实现政资分开，不承担政府的社会职能。它以国有资本出

资人的身份对政府负责，必然要讲求经济效益。至于对一些具有垄断性质的公用事业，需要讲求社会效益的问题，由政府有关职能部门按照《特许经营条例》来监管，不属于国资委的职责范围。随着国企改革和国有经济布局调整，国有企业总数可能会越来越少，在国民经济中的比重也可能越来越小。但国有资产的质量要越来越高，资产规模要越来越大。如果通过改革，国有企业没有得到发展，国有企业都垮掉了或卖完了，这就不符合党和国家国有企业改革的方向。

李鸿忠市长讲过，深圳国有企业存在的一个突出问题，就是实力雄厚、体量巨大、核心竞争力强的企业少。21 世纪初期，深圳错过了不少做强做大一批企业的良好机遇，可谓错失良机。因此，当前摆在国资委面前的一个极为重要和迫切的工作就是，在抓好竞争领域中的布局调整、改制退出的同时，要在公用事业和垄断行业的做强做大方面有所突破。为此，已确定做强做大的企业，要加紧研究和制定发展规划和工作方案；已经明确的大型企业的改制、重组上市工作，要全力推进。

四、维护好国有资产的安全

国有资产是人民的血汗，党和政府把人民血汗凝成的国有资产交给国资委来监管，就赋予了国资委神圣的责任。如果因为政府监管不到位而造成国有资产的损失和流失，那就是对人民的犯罪。不可否认，在错综复杂的市场经济环境下，不排除一些人把国有资产当作物美价廉的最后晚餐，千方百计地侵占和侵蚀。过去发生过这样的事情，造成相当数量的国有资产流失，今后还可能出现这种情况。要学习国家审计署审计长李金华同志（时任）当好国有资产的“守护神”和“看门狗”的精神。一旦面对国有资产受到损害的情况，要按照李鸿忠市长在2004年国有企业改革和发展工作会议上讲话的要求，“为了大多数人的利益，挺身而出，讲理，讲法，讲规章，不畏压力，不迁就，不讲人情”。搞国有企业改革和监管，要有不怕得罪人的精神。

2003年市委市政府在加强国有资产监管方面，出台了一系列措施，包括颁布“十条禁令”和《年薪制实施办法》。实践证明，这些措施是有效的。没有这些措施，就不可能取得2003年国企改革和发展的成绩，就不会有之后国有企业改革和发展有序、稳定的局面。此后，国资委仍然要继续贯彻、完善和落实有关措施。国资委纪委在这方面要发挥好应有的作用，不负使命。不管哪个企业、哪个人出了问题，都一定要追究责任，毫不留情，绝不手软。做到违规必纠，违纪必惩，有效地发挥震慑作用。

在错综复杂的情况下，既要加强监督，维护国有资产的安全，又要促进国有企业的改革和发展，绝不是一件容易的事情。对此，国资委的同志要讲究政治智慧和工作艺术，做到既要欢迎各种所有制成分参与国有企业改革和发展，形成相互配合的多元化的混合所有制经济，又要警惕和防止少数人投机性、掠夺性侵吞国有资产的行为，在产权多元化的同时维护国有资本的合法利益；既要推进国有企业改革，加快资产重组，促进产权流动，使国有资本在流动中增值，又要遵循国家和深圳市的有关规定，制定相应的纪律，谨防国有资产在流动中流失；既要鼓励经营者和员工持股，使之与企业结成利益共同体、命运共同体，又要注意改制中规范运作，防止经营者“自买自卖”，低估漏估国有资产，造成国有资产的流失；既要给控股、参股企业充分的经营自主权，不干涉企业的日常经营活动，不当企业的“婆婆”，又要切实保护出资人的利益，防止重大决策失控和失误，防止重大国有资产流失，防止形成内部人控制的局面。

五、管人管事管资产相结合

管人管事管资产相结合，最早是深圳提出来的。其中，管人是最重要、最关键的措施。管不住或管不好人，管事管资产肯定管不住，也很难搞好。在现代企业制度条件下，选择经营者，是委托代理体系中保护出资人权益最重要的、有时是最后的手段。深圳市委对国资委的高度信任，也加大了国资委的责任。国资委一定要慎用权力，把人管好。

如何管好经营者？在坚持党管干部原则的前提下，必须进行干部管理体制改革。不更新观念，不改进管理方法，不改革管理体系，对企业经营者的管理肯定搞不好。甚至有可能比原来管得还差，出现的问题还多。我曾讲，企业干部体制的改革，是所有企业改革中最难也是最重要的改革。

搞好企业经营者队伍管理体制的改革，是一件很难的事情，需要大胆探索。为此，一要更新观念，研究和制定符合企业经营特点的用人标准。根据粤海的经验，坏人、品质不好的人、腐败分子，当然不能当国有企业领导人。但是好人不会经营，赚不了钱，也不能当企业领导人，尤其是当企业的主要领导人。不能认为只要不贪污受贿，不以权谋利，就能永远占据企业主要经营者的位置。二要按照全国人才工作会议的精神，经营人才走市场化、职业化的道路。通过市场机制选人，通过公开招聘、竞争上岗的形式，委托中介组织选人。尤其要大胆探索委托中介组织、猎头公司选人的方式，这是符合国际惯例的。实践证明，在当前企业发展的所有要素都市场化的情况下，如果作为第一要素的国有企业经营者不走进市场，那么企业肯定搞不好。上半年四家大企业招聘总经理，总的来说是成功的。国资委要进一步总结经验，加大力度。三要把管人同完善企业内部法人治理结构结合起来，研究和理顺董事会、经营班子、监事会、党委的关系。整个内部管理体制如果不改变，只引进经营者，也发挥不了应有的作用。中外合资企业的党政联席会议制度，要研究进行改革。四要建立企业经营者能上能下，不断更新淘汰的制度。适当的时候，要用改革的方式进行一次干部考核，该调整的坚决调整，不能讲人情。如果在干部的使用上讲人情，企业就肯定难以讲效益。对长期亏损、经营搞不好、改革推不动的企业领导人，一定要调整。要建立风险机制和退出机制。

六、抓好员工队伍的稳定工作

做好员工队伍的稳定，需要做大量的工作。包括充分发挥国有企业现有的组织体系的作用。但根据 2003 年的经验，最重要的是要坚持 2003 年制定的深圳市统一的员工经济补偿和处理历史离岗人员的政策，坚决不能搞“一企一策”。这个政策来之不易，已经被广大员工接受，不能再做大的修改，更不能各个企业各行其是。如果发现这种情况，要像 2003 年一样，不管是谁，坚决纠正。该批评的批评，该通报的通报，性质严重的，该调整就调整。不能因为迁就个别企业、个别人，而影响了深圳市国企改革的顺利进行和员工的稳定。

七、建设一支廉洁、高效的国资委队伍

国资委作为政府的特设机构，不仅体现在政资分开，在职能上与其他政府职能部门有所区别，更重要的是为了完成特殊

的任务。因此，对队伍的建设，也要有比一般机关公务员更高的、特别的要求。在国资委工作的同志，受党和政府的委托，监督上千亿元的国有资产，并掌握管人管事管资产相结合的权力，权力很大，任务很重。为此，对在国资委工作的同志的要求要更高，要求他们要更加廉洁、更加务实、效率更高、更富有创新精神，并成为一支想干事、会干事、能干事的得力队伍，为人民做出更大的贡献。

资产经营公司要在国资委的领导下，做好调整和改造工作：对属于资产经营公司责任的事，要本着对党的事业负责的态度，一如既往地做好；对移交到国资委负责的事，要配合国资委，搞好有关事权的衔接和交代，防止出现管理断档和真空，维护好队伍的稳定。各个企业要在国资委和资产经营公司的领导下，保持正常的经营管理秩序，搞好内部各项改革，维护好国有资产的安全。

深圳如何推动集体企业的产权改革①

集体企业是深圳社会主义市场经济的重要组成部分，多年来为深圳经济发展做出了贡献。但是，随着市场经济的完善，市场竞争更加激烈，深圳集体经济已经到了非改不可的时候。国资委成立以后，对集体经济工作给予了高度的重视。2005 年以来，组织社科院和各区有关方面搞了大量的调查研究。调查工作很有深度，细致程度也很高，是我到特区工作十多年来，对深圳集体经济最系统的一次调研。调研提出了一系列的意见和建议，都很有价值。

深圳 892 家各种类型的集体所有制企业怎样推动改革？这是一件大事。经过反复研究，深圳决定先易后难，先解决城镇集体所有制的问题，再解决股份合作公司的改革问题。先把第一步迈出去。

当时，深圳集体企业分三大类：第一类是传统型的二轻、供销联社企业和从手工业合作工厂、合作商店直接发展起来的企业，一共有 30 家；第二类是街道办事处兴办的一些企

① 这是作者 2006 年 1 月 6 日在深圳传统城镇集体企业和街道集体企业产权改革工作会议上的讲话，时任深圳市副市长。

业，有 148 家；第三类是原来村办或在城市化过程中兴办的股份合作企业。三类企业中，以第三类为主。由于第三类情况复杂，问题较多，涉及面很广，市国资委和有关方面对这类企业也提出了一系列改革的意见，但我觉得一下子全面开展改革工作可能问题比较多，所以就决定先迈开第一步，把市、区传统型的集体所有制经济和街道兴办的集体企业的改革推出去。这些企业总共不到 200 家，资产量所占比例也不大，人数也不太多。后边紧接着再全面推动全市的社区股份合作企业的产权改革。

一、深圳集体企业产权制度改革势在必行

（一）深圳集体企业改革对企业、社会和员工来说都是必然选择

深圳各种成分的经济对社会主义市场经济、对深圳经济特区的建设，都做出了重要的贡献。其中，集体企业也做出了很重要的贡献，已经成为深圳发展的重要力量。按照 2006 年的统计共有 892 家，总资产（包括股份合作企业）已经达到 760 亿元，净资产 416 亿元，利润一年 28 亿元。应该说，这支力量是非常重要的。集体企业的利润总额和净资产相当于市属国有企业的一半，资产等方面经过评估还会更多。龙岗区委书记李铭同志曾经讲，龙岗有百多条小龙。这些小龙就是股份合作经济，

对深圳经济的发展做出了非常重要的贡献，我们应该充分肯定。但如果深圳还停留在那个阶段，这些小龙过几年可能就飞不起来了，部分企业恐怕就难以生存了。股份合作企业规模都非常小，基本上没有自己的优势产业、主导产品；多数为物业经济，仅靠特区发展的级差地租，盖了一些房子，向外资收费用，向外来几百万劳工收房租管理费来生存；内部的管理多数没有现代化，管理水平、思想观念、经济结构等都存在一系列的问题。随着市场经济的完善，竞争更加激烈，不要说像这样的产业结构、这样规模的股份合作企业难以生存，即使规模较大的、有自己主导产业的企业，如果没有科学管理，不能适应市场经济的机制，也会在市场竞争中从兴旺走向灭亡。深圳市过去有不少知名企业，现在都无声无息地消失了。所以，这批企业如果不能适应市场经济的发展，不能够果断进行产权制度的改革，创造新的机制，那么未来可能潜伏着非常大的危机。改革势在必行。

按照我的想法，深圳的改革应该更早些才好。跟江苏、浙江，以及珠三角的顺德、南海相比，深圳大大落后。深圳现在做的这件事情，其他省市 5 年前就完成了。所以这项改革工作一定程度上是在补课。包括传统集体所有制企业的改革，上海、天津都比深圳早。改革的落后已经给深圳带来了极大的困难，隐含着极大的不稳定因素。深圳的传统集体企业深圳市美芝工业公司（以下简称美芝）、深圳市华乐实业股份有限公司（以下简称华乐），这两家非常典型，它们由于多种原因生存非常困难。而同样是集体所有制企业，市建筑工程公司通过改革，目前生机勃勃。市委市政府做了大量工作，现在保持基本稳定。我是美芝、华乐工作领导小组的组长，也是第四任领导小组组长。深圳花了非常大的精力，不知召开了多少次会议来解决问题，仍然未能完全解决。所以再不进行产权改革，深圳的企业不仅会垮台，给社会带来严重的不稳定，对员工也不公平，给员工的利益带来损失。集体所有制企业跟国有企业不一样。集体企业很大程度上是集体、员工共同创造的财富。但这些员工却不能分享改革开放的成果，不能像其他社会群体一样走向富裕，现在还在困难中挣扎。比如美芝员工一个月的工资只有 1 000 多元。

（二）集体所有制企业改革的有利条件已经基本具备

推动这项改革的条件已经基本具备，第一个有利条件就是市委市政府对企业的改革高度重视，市属国有企业的改革也为集体企业的改革提供了借鉴。市属国有企业的改革特别是竞争领域的劣势企业的退出工作，搞了 3 年，2005 年底基本完成。经过这 3 年国有企业布局的调整，国有企业质量有所提高、利润大幅度增长。3 年来市属国有企业退出 60% 后，国有净资产增加了 105 亿元，利润增长了 50%。企业的调整、重组、改制取得了阶段性成果。总体来讲，实现了有序、安全、快捷退出。

退出后，不少企业像市建筑工程公司一样焕发了活力。这些经验为深圳下一步集体所有制企业的改革提供了借鉴，这是一个有利条件。对于传统型集体企业的改制政策，参照市里的系列改制政策、措施、程序等出台。对于街道集体企业的改制政策，参照国家和市国企改革政策来落实，不再单独出台。

第二个有利条件是街道办集体企业改制 2006 年已经开始，特别是福田、罗湖两区已基本结束。盐田、南山和特区外还没有全面展开。已完成改制的区为未改制街道集体企业提供了有益的经验。

第三个有利条件是一批传统城镇集体企业 2006 年已经初步改制，树立了比较好的典型，包括深圳市建筑工程公司及已上市的深圳市鸿基（集团）股份有限公司等。这些企业的改革应该说比较成功，符合集体所有制、集体经济股份制改革的实际，也为下一步的改革创造了条件。

第四个有利条件就是市政府 2006 年转发了国资委的文件，这份文件为解决 30 家传统企业改制提供了政策依据。我再强调一下关于传统城镇集体企业改制的价格优惠问题。原来在讨论中，深圳的研究机构和一些部门提出，对优惠和优惠多少的问题要定一个比例。后来我反复考虑，又和国资委的同志多次商量，认为由市里统一定比例不太合适。第一，作为政府的文件明确定比例的，在全国还不多，多数是允许优惠、允许折扣，但到底优惠多少不做硬性规定。第二，每个企业不一样，每种集体企业也不一样。如果确定比例，有可能高，也有可能低。但是又不能全面放开，不能全部无偿，否则也有可能引发社会不公。所以我们同意优惠，但优惠多少由各区批准，经过职代会通过。这样的程序我认为比较妥当，既有原则又有弹性，也具有可操作性。

二、如何推动集体企业的产权改革

（一）加强领导，统一组织，有序进行

集体企业的产权改革，虽然总的资产不大，但是数量比较多，情况比较复杂。推动这项改革必须加强领导，统一组织，有序进行，不能一哄而上。所谓加强领导，就是充分发挥区和办事处党委的作用。将来这批企业改革的责任主体，就是区、街道办党委。各区应该向福田区学习，成立以区委书记为组长的改革领导小组，以及以区长为组长的集体委，还有专家委。没有区、街道办党委的高度重视，工作就推动不下去。国资委集体处的几位同志主要是研究政策、调查研究、指导协调，不可能承担每个企业改制的具体操作工作。一个企业的改制要花很多精力，要花 1～2 年的时间，有很多程序，所以一定要加强领导，统一组织，有序进行。我建议各区，特别是龙岗、宝安，各办事处都要根据要求，制订计划和工作部署，2 月底前报国资委，以便国资委整体协调。改革任务重的区要做出详细计划。

关于街道集体企业的改制工作，我建议特区内 2006 年内完成，2007 年特区内主要搞股份合作制改革；特区外两个区任务重，争取按两年时间部署并完成改革工作。特区外户数多，改制的程序复杂，工作程序、操作程序不能简化。各区也要对各街道办提出要求。在工作方法上，国资委主要对区，不直接对街道办，更不直接到企业，不然会越权操作，也不符合行政管理的规定和要求。龙岗、宝安一定要参照福田区的做法，加强区委、区政府的领导。若仅让区下面的一个部门来负责，这项改革是推不下去的。

（二）规范操作，公开透明，公开公平

一个企业的改制，不管是国有企业，还是集体企业，提出的大原则一般都没有问题，问题往往出在具体的操作上。2006 年，国务院专门转发了国资委《关于进一步规范国有企业改制工作的实施意见》，是针对国有企业的。我建议集体企业原则上也同样要贯彻落实。针对 21 世纪初国有企业改制出现的不规范问题，国务院非常重视。集体企业的产权改革，一定要规范操作，公开透明。国有企业改革的经验告诉我们，凡是前期工作做得扎实、程序规范操作、严把几道关的，以及公开透明、公平公正的，企业的改革一般来讲都比较顺利。凡是在操作上不规范、在公开公平上做得不够完善的，往往带来非常大的后遗症。希望各个企业一定要严格规范操作，按照文件办事。不按政策规范操作，可能一时可以搞定，但半年或者一年后矛盾就会爆发，引起更大的危机。

传统集体企业按国务院转发的文件执行，不是传统的街道办企业就参照国有企业改制程序严格走下去，我们改革要经得起历史的考验，有利于长期的发展和稳定。企业的改革稳定是前提。如果改制期间企业不稳定，改制就无法进行。改制后企业不稳定，企业改制后的经营会受到严重影响，这个教训非常深刻。所以在改制过程中，不管是区、街道办，还是企业，一定要尽最大的努力做好思想工作、宣传工作、解释工作；按照规矩办事，严格程序，规范操作，公开公平；改制过程不影响企业生产经营，不影响员工队伍的稳定，为改革创造好的环境和条件。

（三）时机成熟后再启动股份合作公司的改革

股份合作公司是特区历史的产物，过去叫作村办企业，包括行政村社办企业、自然村办企业。特区内在 1992 年搞了特区农村城市化，当时取消了村委会，建立居委会，经济组织由过去的村办企业变成股份合作公司。当时我亲自参与了这项工作，我是特区内农村城市化领导小组办公室主任。工作中，对村办企业实行了股份合作制的改革，对村办企业的发展、城市化建设起了很重要的作用。市人大还通过了股份合作公司条例，是全国股份合作的第一个条例。

股份合作经济是非常特殊的经济形式，全国没有一个股份合作公司的法律法规。随着社会主义市场经济体制的建立，股份合作经济的这种模式、机制已经不能适应新形势下的发展需要，已经到了迫切需要改革的时候。所以，李鸿忠书记在市委工作会议上专门讲过这个问题，提出要采取有力措施，按照“三化”的要求，对股份合作公司进行改造。一是产权人格化，二是体制现代化，三是农民市民化。关于产权人格化。当时深圳留了 51% 的集体股，其他 49% 按照年龄、贡献划分股份。实践证明还不够人格化，还存在一些问题。下一步怎么人格化，要不要保留集体股，还有不同意见。此前股份合作公司联合会组织专家讨论时也有两种意见：一种意见是保留集体股，不保留集体股我们未来就没有发展；另一种意见是坚决取消集体股。到底怎么搞，以后还得研究。产权改革肯定是要搞的。体制要现代化，就是按照公司法来搞。现在几个牌子一套人马，实际上是政企不分的体制。外面的人才进不去，导致公司管理落后。我接触过特区的好几个股份合作公司。1993 年他们就提出这个问题，2006 年问题仍然存在。1993 年我们就提出股份合作公司改革后，怎么样实行所有权与经营权分开，引进外来人才，进行现代化管理等，到 2006 年还没有完成。1993 年还提出要转型、升级，不能单靠房租，2006 年基本上没有转型。1993 年股份合作企业没有什么经营风险，2006 年几个股份公司已经发生危机了，到了非改不可的时候。但这件事很难，涉及几十万原来的村民和基层组织，还涉及这么多的复杂问题。我 2005 年下半年和国资委的同志讨论这个问题时都没敢下决心启动改革。不是改革思路不清楚，而是操作问题。所以 2006 年往后的改革，考虑分两步走，先搞第一步，股份合作公司的改革，以后时机成熟再启动。

加强制度创新，把国企董事会建设好[①]

经过一年多的认真准备，2007年，深圳两家市属国有独资公司董事会试点工作正式启动，这是深圳国有企业改革历史上又一项重要探索。对于国有独资公司董事会试点工作，国务院国资委非常重视，已先后分几批在19家中央企业开展试点。这次会议决定，将盐田港集团和免税集团作为第一批试点单位。市国资委对董事会试点工作非常重视，2006年初以来，深圳先后组织了几次国内考察学习，发放了三个非常重要的文件，为启动试点工作做了充分的准备。

一、国有独资公司董事会试点意义重大

（一）领导体制是制约国企改革的一个重要因素

在国有独资公司进行董事会建设试点工作，是深圳国有企业改革的又一项重要探索，是做强做大国有企业的一项重要制度建设。公司治理是公司制的核心，也是世界性的难题。近几

① 这是作者2007年6月22日在深圳市市属国有独资公司董事会建设试点工作会议上的讲话，时任深圳市副市长。

年来，随着改革的不断深入，深圳初步解决了国有经济布局调整、国有企业改制和主辅分离等问题，各项监管制度也不断完善。通过“三项制度”改革，国有企业内部经营机制正逐步与市场经济接轨。随着改革的深入，深圳开始进行新的尝试，国外把它叫作公司治理，国内称为公司法人治理结构，传统上称之为企业领导体制。

公司治理，或者叫企业领导体制，大体可分三类。第一类是中外合资企业，如燃气、巴士、水务等。这些企业由于进行了产权主体多元化，特别是有外资参股，所以内部治理结构相对比较容易规范运作。第二类是国有上市公司。这些公司虽然股权比较分散，但是毕竟还受到证券监管部门的监督，所以这类企业的公司治理结构的完善相对来讲也有法可依。第三类，也是最困难的一类，就是国有独资公司、国有独资企业。虽然这类企业在未来的公司产权结构中不是最主要的，但也是不可或缺的。新加坡淡马锡公司下属有 8 ~ 9 家国有独资公司。2007 年深圳有 10 家国有独资公司，这当中有一部分是过渡性的，即公司底下有上市公司，上面有个壳。如沙河集团、深业集团等。刚从事业单位转为企业不久的农科集团也是过渡性的。还有几个是市国资委需要长期保留的，或者在相当一段时间内需要保留的国有独资公司，包括投控、免税、盐田港、机场、地铁等。其中投控作为国资委的平台公司，保持独资性质是必需的。免税是专营性质，涉及国家的特殊利益，免税集团当然也不能轻易产权多元化。再如盐田港集团，是作为政府港口建设的重要平台公司、基地公司。政府给了它相当多的政策优惠，赋予了特殊的使命。所以在这个层次上，在相当长的一段时间需要保持独资形式。机场集团承担了部分机场当局的职能，政府又进行了大量的投入。仅机场二跑道扩建工程，政府就要花50多亿元用来填海，支持力度非常大。因此在机场集团这个层次，保持国有独资也是难免的。地铁公司目前还是亏损，又是公用事业，如果没有一定的综合补偿机制，引进战略投资者是很困难的。当然，从长远来讲，机场、港口、地铁不是不可以采取多元化的方式。但是在当前情况下，考虑到国家的利益、政府的利益，这种国有独资形式的公司在一段时间存在也是必然的。

（二）国有独资公司治理中存在的问题

深圳在一定时期还应当保持一定数量的国有独资公司，这是不可避免的。我不赞成所有的公司都要产权多元化，都要股份制，都要上市。好像保留部分国有独资公司就是保守，我不赞成这种看法。但是，对保留的部分国有独资公司，怎样完善法人治理，的确是个难题。过去深圳进行了一系列的探索，深圳的国有独资公司也是按照《公司法》中单独的国有独资公司这一章的规定建立的，也成立了董事会、经营班子、监事会等机构。应该说，这些年来，这些机构也发挥了很好的作用。深圳的文件、制度、章程，也都制定得比较完善。但实事求是地讲，国有独资公司的公司治理，由于受各方面因素的影响，的确还存在许多问题。因此，国家、市委市政府、市国资委才下决心在这方面进行大胆探索，对国有独资公司的董事会进行改造，努力解决存在的问题。

关于国有独资公司治理中存在的问题，我认为目前需要完善的还有三方面比较突出的问题。

1. 内部机构责任不清

国有独资公司董事会、监事会、党组织之间的关系，虽然在文件上表述清楚了，但实际操作中职责权限仍不大清晰。有的公司开一个会要写三份纪要。董事会会议、总经理会议、党政联席会议，同样内容，各出纪要。责任不清带来了很多矛盾。企业领导人员素质比较高、心胸宽广、合作比较好的，矛盾不至于达到无法共事的程度，但是心里都非常难受。到最后，矛盾激化了，开始吵架，闹别扭。其结果呢，上级党委只能通过调整班子来解决矛盾。有的换一个，把董事长撤了，或把总经理换了。有的呢，干脆董事长、总经理一起撤换。这些都是有先例的。这种不搞好团结就换人的办法，我认为是治标不治本。企业法人治理结构，当然要靠企业领导人的觉悟、素质和修养。但是更重要的，是要依靠制度建设。就像邓小平同志讲的，制度好，坏人可以变好人，制度不好，好人可以变坏人。制度好，有矛盾可以化解矛盾，制度不好，没有矛盾也会产生矛盾。每次宣布企业领导班子的时候，董事长、总经理两人的表态都很好，说你们放心，我们一定会合作好的。最初没有问题，合作得比较好。但由于制度不健全，团结的局面往往不持久。所以，如何从制度建设、从体制机制上理顺，确实是很重要的问题。当董事长和总经理有矛盾的时候，企业内部很为难，不知道听谁的。其实，国资委也很为难，怎么协调，谁对谁错，有时也很难讲。这是一个很突出的问题。

2. 决策水平还不够高

引入外部董事就是要大大提高公司决策的水平。当然不是说以前董事会的决策都有失误。由于之前董事会的构成不完善，缺乏一批具有专业背景、有责任心的外部董事来参与决策，再加上决策和执行不分，决策程序不科学，有的甚至采用党政联席会的方式决策。表面上是集体决策，实际上是少数人决策，甚至是一个人决策。表面上是集体负责，实际上是无人负责，导致实际上的“内部人”决策，决策的风险较高。当然，不能说一个人的决策都是错误的。但是作为一项制度建设，这种董事会的结构、董事会的运作方式，决策失误有时候在所难免。在这方面，深圳的教训也非常多。这实际是决策体制出现了问题。

3. 如何处理好出资人和企业的关系

国资委管理国有独资公司也很难。管得多，影响企业的积极性；管得少，又怕出问题。中间缺乏委托代理的关系。所以，国务院国资委成立后，很多大型企业说，国资委既是“老板”，又是“婆婆”。为什么呢？因为国有独资企业有其特殊性。对于非国有独资企业，不管是参股还是控股，市国资委就是股东。而对国有独资企业，国资委很难避免这种“婆婆加老板”的关系。本来，国资委应该定位为老板、股东。但由于目前的公司治理状况，国资委也很难理顺关系。过去，市国资委进行了很多探索，开始时觉得应立足于“严”，因为你总得“看”住。如果我们连“看”都“看”不住，还怎样履行好国有资产保值增值的职责呢？但是“看”住仅是一个方面。如何在“看”住的基础上，尊重企业的经营自主权，充分调动企业的积极性，这是个大问题。如果没有非常健全的董事会，这项工作也非常难做。这次试点是一项重要的制度建设，只有企业上上下下都能统一认识，才能共同把这项工作做好。

二、理顺关系，提高效率

对于这次试点的重点工作，国资委印发的三个文件也都讲得比较清楚。这次改革，就是要通过外部董事制度的建立，通过改善董事会的结构，充分对董事会授权，使董事会与国资委之间建立一种规范的委托代理关系。在这个基础上，董事会起重要的决策作用，提高经营班子执行力，按照董事会的决策，抓好落实，抓好执行，提高效率。在这个过程中，我们要把握好以下四个方面的改革重点。

（一）明晰内部机构职能，完善委托代理制度

这里有两层关系：一是划清国资委与董事会的关系，二是划清董事会与经营班子的关系。文件也讲得很清楚，要分清这样一个层次，解决好决策和执行相对分离的问题，划清职能界限。以后试点企业不能将董事会、经营班子、党政联席会议一块开。不能再出现过去因职能不清而产生的负面作用，导致企业的改革和发展受影响。

（二）大力提高董事会的决策水平

企业要做强做大，需要做的工作很多，最重要的是提高企业的决策能力。在激烈的市场竞争中，一个重大决策的失误，就可能导致一个企业的垮台，特别是竞争比较激烈的、随时需要做出重大决策的企业。这次董事会试点就是要解决企业的决策水平和决策效率问题。假如通过改革，企业的决策水平更低了，产生了很多重大决策失误，那我们的改革肯定是失败的。

（三）理顺国资委作为出资人与企业之间的关系

李荣融主任（时任国务院国资委主任）说过，国资委要重点当好出资人，当好老板。因为社会上很多人把国资委当成一个办社会的职能部门，什么职能都找国资委，好像听到“国有”这两个字，就是要找国资委，他们也搞不清楚，哪些事应该是企业管的，哪些是国资委管的。全社会对国资委的认识有个过

程。所以，将来国资委怎么当好出资人，处理好国资委与企业之间的关系，是一个重点课题。国资委的方向，就是往新加坡淡马锡方向发展。但如果公司治理的问题解决不好，这种改革方向就会受到很大的限制。据我了解，淡马锡主要管两件事：第一，派董事；第二，管出资企业的主导产业。

（四）提高企业决策的效率，提高企业的执行力和市场竞争力

市场竞争需要随时决策，决策后需要雷厉风行地执行。而深圳的国有企业，往往决策太慢，程序太多，效率太低。同样一件事，国有企业没有其他民营企业的决策效率高。当然，这里有多种原因，但董事会不能规范运作是其中的一个重要原因。

三、国资委要真正放权

国有独资公司董事会建设试点，是一项制度性建设工作，也是一项长期的工作，不是一蹴而就的，需要我们持续坚持若干年的努力。因为它是一项制度建设，所以不可能要求立竿见影。不像其他的改革，政府发个文件，马上就可以完成。就像2003年进行的国有企业车改，三个月就完成了。而董事会建设是一项长期的工作，需要3年、5年甚至10年慢慢探索。当然，我们有阶段性目标。所以，大家要充分认识到这项改革的难度。

制度建设不仅受到企业环境的影响，还受到社会环境与国

家环境的影响。我们不是生活在一个真空里面来搞理想的设计，而是要在实践当中不断探索。我们既要树立信心，也要有攻坚的思想准备。

（一）国资委要真正放权，充分发挥董事会的作用

这次董事会试点，既然国资委与董事会建立了委托代理关系，要委托董事会来管理，外部董事也占了董事会成员的一半以上，我们就要有这样的信心，相信董事会。国资委要把在试点中规定的董事会职责，真正落实到董事会。坦率地讲，市委市政府国资国企领导小组在讨论董事会试点时，大家也提出要积极稳妥地推进。所以在制定文件时，对董事会的授权，实际上也是贯穿了积极稳妥的理念，没有要求一步到位。我们这次是实实在在的，敢放多大权，就放多大权。千万不要名义上放下了，实际上没有放下去。比如说用人，既然副总经理聘任权下放给董事会了，就要由董事会来决定。政府这次先将副总经理的聘任权下放给两家试点企业董事会，以后那些中外合资企业的副总经理聘任权，政府也将下放给董事会。还有薪酬，包括薪酬方案，政府都下放给董事会了。我相信，如果外部董事充分发挥作用，就不会出现2005—2006年中层干部薪酬失控的现象。因为董事会建立了薪酬委员会，全部由外部董事组成，外部董事都是各行的专家，能看到同行业的市场水平。既然国资委将相关的权力下放给董事会，就要真诚地信任董事会。当

然，董事要同国资委多沟通，多商量，这是工作方式和方法的问题。市国资委专门设有试点办公室，要切实发挥这个功能。

（二）董事会要真正负起重大责任，规范运作，完成国资委授托的使命

坦率地讲，盐田港集团资产上百亿元，上百亿元的资产交给董事会，交给九位董事，包括五位外部董事。这既是重要的权力，也是重要的责任，所以董事会要切实履行好职责。决策错了，要追究责任，这是肯定的。不只是在中国，国外也进行责任追究。美国的几个大公司，他们的董事不都是进了监狱吗？包括安然公司、司通公司的负责人，最后都进了监狱。因为董事有责任。重大问题决策务必科学，务必慎重，不要出现重大失误；用人务必公道，务必正派，不要受各方面的影响；薪酬制度务必与市场、与行业接轨，不要搞过高的、脱离市场的、平均主义的薪酬；等等。要真正履行好董事的职责。决策要严格按照程序，要规范。重大问题决策，投资委员会要有一套决策程序，要学大型企业的决策机制，不能再简简单单两页纸，轻轻松松几句话，那么大的一件事就拍板定了。会议要有纪录，以便将来追究责任。据报道，四川省出了规定，不表态也有责任，不发言也有责任。要么赞成、要么反对、要么弃权，不能不表态。这次制定的制度，规定董事不表态也要承担责任。

（三）董事会与经理层职责要分开，经理层要切实提高执行力

董事会是决策机构，总经理是执行机构，再不能“一锅煮”，再不能因相互扯皮导致效率低下。董事会就是负责做出重大决策的。董事会做出决策后，对总经理的执行，董事会也要放手。既然董事会决策了，就要让经理层充分发挥作用，提高效率，提高执行力。不要像过去一样，名义上是经理层负责，实际上是董事会在具体操作。董事的主要精力就是做决策，抓大事，日常经营工作就放手让经理层充分发挥作用。李荣融主任说过，最好让董事长不坐班。不坐班暂时做不到，但至少董事长要学会超脱，不能像过去一样经常开党政联席会，大事、小事都要研究。经理层就是总经理负责制，经理层没有集体决策的问题，大家可以提出不同意见，最后总经理做出什么决定，就怎么执行。就像政府一样，市政府实行首长负责制，讨论中副市长可以发表自己的意见和建议，但最后市长一旦决策，就要无条件按决定执行。这是规矩，这样才能提高执行力。企业的副总经理必须服从总经理，不能因为副总经理不同意总经理的意见而出现不执行的问题。

（四）在试点过程中，解决好党组织参与重大问题的决策方法和程序问题

党组织在企业中的作用主要有两个，一是政治保障，二是参与决策。深圳这次试点，要严格按照国务院国资委的要求，

实行党组织成员与董事会成员中的非外部董事“双向进入、交叉任职”的办法，进入董事会的党委成员，要反映党委内的意见和建议，并把董事会决策结果反馈给党组织。党组织参与重大问题决策，主要是提建议和意见，而不是代替董事会决策，这样才能充分发挥董事会对重大问题统一决策的作用。试点企业要注意修订或取消有关与董事会职权冲突的规章制度。特别要协调好国资委行使股东权利、党组织干部选任考评、董事会对经理人的任免考核权之间的关系。

（五）外部董事要独立发表意见

国资委选外部董事，是非常慎重的，从某种程度上讲，比选企业领导班子还要慎重。外部董事要诚信，要忠于职守，要讲究职业道德，等等。但我希望外部董事能够在董事会上独立地发表意见。只要做到这一点，敢于独立发表意见，外部董事的任务就完成了80%。至于发表的意见对不对，谁也不敢保证。在决策的时候，应当独立地发表意见，千万不要顾及董事长的面子，不要受其他方面因素的影响。如果董事会每次开会所有决议都一致通过，没有任何争论，没有任何不同意见，我认为这种董事会的运作是有问题的。而在董事会会议中，应当存在如不同所有者之间那样的争吵、讨论，应当有不同意见，最后举手表决。我认为，这样的决议通过以后，决策失误的概率是很小的。外部董事要独立发表意见，不要看“一把手”的脸色，因为外部董事是国资委聘任的，要为国资委负责。独立董事主要是维护中小股东的利益。外部董事主要是代表国资委的利益。外部董事就是要代表不同的专业背景，从不同的思考角度，帮助董事会提高决策水平，发挥对董事会决策的监督作用。只有这样，才能很好地发挥外部董事的作用。

深化“三项制度”改革，建立现代人力资源管理体制[1]

2005年，有关部门适时提出了“三项制度”改革[2]。这个时机，除了企业经济效益比较好以外，还有三个最基本的条件。一是国有经济产业结构大调整基本完成。企业改制取得阶段性成果后，2003—2005年，该退出的企业和产业基本上都退出了。二是2004年国资委成立，国有企业监管主体和出资人到位。三是产权制度改革也取得了阶段性成果。在这种情况下，深圳审时度势，提出了国有企业改革要攻关，要用3年左右时间对国有企业经营机制进行改造，让国有企业真正与市场接轨，在国有企业内部进行“三项制度”改革。2006—2008年，“三项制度”改革一年一个重点，稳步有序地推进。2009年在深圳市委市政府的领导与国资委的具体组织和推动以及各企业的积极参与下，改革基本上达到了原来设定的目标，基本上实现了国

① 这是作者2009年6月24日在深圳市市属国有企业劳动人事分配制度改革总结大会上的讲话摘要，时任深圳市副市长。

② “三项制度”改革是指国务院针对国企的“三项制度”改革：干部人事制度改革、劳动用工制度改革、收入分配制度改革。

有企业内部经营机制与市场的接轨，初步建立了人员能进能出，职位能上能下，收入能高能低的新机制。“三项制度”改革，历时 3 年多，涉及 10 多万人，取得了较好成果。这是国有企业改革实践中比较成功的一个案例，也是深圳市属国有企业走向市场、与市场经济接轨在实践上的有益探索。

能取得这样的成绩，具体原因很多，其中有四个主要因素。第一，改革方案分步实施，平稳有序。这次改革，最初就设定了明确目标，并分步实施。2005 年开始，选定四家试点企业，然后根据企业的承受力，由浅入深，逐步接近目标。在这个过程中，没有发生大规模的上访，没有影响企业的经营。第二，改革过程中大胆探索，突破难点。“三项制度”改革有很多难点，比如：国有企业员工身份转变，涉及 10 多万人；清理历史劳动合同，涉及几千人；中层管理人员全体“起立”，竞争上岗；薪酬制度改革，几家企业的中层员工降了几次工资。第三，改革完善了政策，兼顾了各方的利益。如薪酬制度改革，不仅保障了一线员工的利益，还提高了专业人员的工资水平，经营者的薪酬基本上持平。各方利益基本得到兼顾。第四，调动了各方面积极性，形成改革合力。这项改革充分调动了各个方面积极性，达成了改革的共识。横向上，协调了人事、劳动、法制等部门，没有出现法律法规上的障碍，并且政府各有关部门都给予了大力支持。纵向上，这几年国资委每年都把“三项制度”改革作为重点工作加以推动，明确由专职副主任负责，还成立了专门领导小组和办公室，强力推进；从企业层面来讲，各企业领导都很重视，充分调动了员工的积极性。

一、“三项制度”改革意义深远

企业内部“三项制度”改革，是深圳市多年来国有企业层面的一项十分重要的改革举措。这场改革的成效，主要体现在三个方面。

（一）劳动管理初步实现规范化和法制化

深圳的企业通过改革清理了劳动合同，使历史遗留的问题浮出水面，把劳动管理的“欠账”一一补上。深圳还创造性地用补充协议的方式，转换了员工的身份，为建立员工能进能出的机制奠定了法律基础。可以讲，这项工作涉及面非常广，大家的工作也都很细致。由于深圳这项工作开展得早，并且正好在《劳动合同法》颁布以前，时机非常好，为市属国有企业与《劳动合同法》接轨打下了坚实基础，减少了对国有企业的冲击，大大降低了规范的成本和改革的难度。

（二）人事管理逐步实现科学化和专业化

经过改革，许多企业学习借鉴先进的管理经验，进行岗位分析，梳理管理流程，加强集团管控，开展竞争上岗，实施绩效考核，使企业由机关模式的人事管理向符合企业发展需要的现代人力资源管理转变。应该说，这对企业来说是一场脱胎换骨的革命，是观念的一种再造。企业对人力资源管理的认识得到了提升，也为优秀人才的吸纳引进并使其脱颖而出创造了条件。

（三）收入分配逐步实现与市场接轨

企业收入分配制度改革是“三项制度”改革的关键点和难点，收入分配不平衡不仅会产生负面社会影响，而且会严重损害企业内部员工的积极性和创造性。因此，各企业聘请专业中介机构，协助诊断企业现状，开展市场调研，发挥专业优势，制订了与行业市场薪酬水平贴近的薪酬方案。同时，又顶住了各方面的压力，开展了专项治理，规范了企业薪酬管理，对过高的收入进行调整，保证一线人员的工资水平，打破级别工资制、大锅饭等，逐步实现了同岗同酬。另外，国资委开始建立和完善薪酬数据库，指导企业薪酬逐步与市场接轨，与经营业绩挂钩，构建薪酬水平动态跟踪调整机制。这项改革促进了国有企业内部收入分配的公平，也提升了市属国有企业的社会形象。

二、继续深化“三项制度”改革

“三项制度”改革，为市属国有企业长期发展，奠定了很好的体制机制基础。但是，深圳也应清醒地认识到，从根本上转换国有企业的经营机制，是一个长期的、不断深化的和不断完善的过程，同时也是一个随着外部经营环境变化而不断变化的动态过程。市属国有企业在建立市场化的内部经营机制方面还需要继续加大改革力度。

（一）改革的阶段性成果有待继续巩固

这项改革涉及重大利益调整。有的企业虽然按计划开展了改革工作，也取得了较好的改革成效，但存在部分企业没有深化巩固改革成果的情况。比如，有的企业集团总部以各种名义增加部门和人员，致使定岗定员成了一纸空文；有的企业以福利费用或非货币化形式发放薪酬的现象依然存在；有的企业下属公司领导人员的管理，还存在着职数控制不严、职位设置不规范、选拔任用程序不公开不透明等问题。如果深圳前期改革的原则不能得到很好的坚持，改革的成果不能很好地予以巩固，“三项制度”改革工作可能就会半途而废。

（二）改革的长效机制有待加快建立

在这次改革中，许多企业加强了劳动合同管理，开展了上岗竞聘、薪酬市场化接轨和绩效考核，还为此出台了相关的文件。但是，改革中的许多有效做法还有待形成长效机制。如何推进劳动人事分配机制的制度化、规范化、程序化、系统化，如何充分发挥董事会的作用，国资委如何建立相应的考核评价与监督制度，从而形成改革的长效机制等，是下一步要重点解决的问题。

（三）改革的力度有待进一步加大

从改革的广度看，市国资委直管企业中的部分二级企业，各直管企业在内地投资控股的企业，包括整合完毕、纳入规范管理的前两年划转和转企的企业，以及 2008 年纳入国有资产监管范围的三大文化集团等，还没有全面开展“三项制度”改革工作。在改革的深度方面，从某种程度上讲，2009 年深圳仅仅是做到了劳动管理初步规范，人事体制初步理顺，收入分配初步向市场化靠拢。但距离建立高度市场化的劳动人事分配体制，距离建立先进的企业人力资源管理机制，还有很长的路要走。在实践中，“三项制度”改革如何与对标管理相融合，如何与董事会建设相结合，如何与企业文化建设相促进，如何与企业履行社会责任相协调等，这些都还需要加强研究，深入思考。

三、加快建立现代人力资源管理体制

对于 2009 年往后的工作，市国资委印发了《深圳市属国有企业继续深化劳动人事分配制度改革指导意见》，提出了十项具体举措。对此，各企业要认真抓好落实，国资委要重点做好指导监督工作，要把握好以下三点。

（一）继续巩固和深化“三项制度”改革

进一步巩固和深化深圳国有企业“三项制度”改革，关键是以下三点。一是巩固。从2009年的情况看，现在说回潮还谈不上，反弹也过了一点，就是有点苗头。在苗头出现的时候，就应该及时地提出来。要把过去改革成功的做法制度化、规范化、系统化。国有企业的改革和发展壮大并不是短期的，而是国有企业改革的长期方向。具体怎么巩固，国资委新发的《深圳市属国有企业继续深化劳动人事分配制度改革指导意见》都提出了具体要求。二是拓展。2009年“三项制度”改革在有些企业还没有开展，或者说是改革才刚刚开始。国有企业今后的改革方案和步骤，在2009年初国资国企会议上都做了部署。各企业要按照国资委的部署，2009年到2010年底基本上要拓展到位，包括二级企业及在内地收购的企业，也包括三大文化产业集团。三大文化产业集团参照企业可以有计划、有步骤地进行。2009年最迫切需要改革的是出版发行集团，国家最近对出版发行行业有个改革的决定，深圳出版发行集团要落实这个决定，加快改革的步伐。其他两个文化产业集团也要根据各自实际情况，在宣传部、国资委的指导下，加紧这项改革。其他企业如国信证券，虽然用人机制是与市场接轨了，但薪酬分配也要规范。三是深化。在绩效考核、人事管理以及薪酬的动态调整机制方面，包括按照《劳动合同法》如何实现员工的能进能出等方面，都要进一步改革深化。

（二）加快建立劳动人事分配的长效机制

关于如何扎扎实实开展“三项制度”改革工作，如何加快建立“三项制度”的长效机制，主要有以下三点要求。

第一，要大力提升企业劳动人事管理人员的素质，夯实管理基础。一些企业之所以在劳动合同管理方面犯低级错误，与部分企业的人事管理人员业务素质不高，法律意识、责任意识不强有直接关系。比如有的企业甚至缺乏基本的劳动管理档案，员工劳动合同文本保管不善，解除合同缺乏认真的法律论证，使公司在劳动争议处理中陷入被动，有的甚至造成了重大信访问题，给企业带来了重大损失，教训非常深刻。因此，要巩固“三项制度”改革的成果，必须大力提高企业劳动人事管理人员的素质。

这方面，各企业首先应主动听取劳动部门的意见，它们对企业的劳动管理水平最有发言权。也可以借助中介机构，对企业的劳动管理情况进行评估，衡量一下企业劳动管理所处的水平与阶段，从而评价企业的劳动人事管理人员的素质。国资委可以经常开展市属国有企业劳动人事管理业务的交流，及时通报和化解国有企业劳动管理中出现的普遍问题，主动加强与劳动部门、市总工会的联系，并在三方机制框架内反映来自企业角度的劳动管理意见，努力提升市属国有企业劳动管理水平。

第二，要努力将改革成果逐步转化为制度和规范。人力资源管理不是随意的，是有章可循的。现代人力资源管理的精髓是制度化。像深圳的华为、万科、华侨城集团等，在建立系统的人力资源制度方面值得学习借鉴。这些企业不仅有《华为基本法》《万科职员手册》《华侨城宪章》等包括企业核心理念的原则性规定，也制定了一系列重要的人力资源管理制度，并形成了规范的薪酬管理、培训、人力资源配置和招聘的流程。因其制度科学、流程顺畅、贯彻以人为本的理念，并且体现了公平、公正和科学合理性，所以极大地提升了企业核心竞争力。有些企业在“三项制度”改革中也借鉴并探索了一些很好的做法，大家要尽快把它转化为制度，纳入流程管理，强化执行，完善监督，使“三项制度”改革的成果通过制度在企业生根发芽，并逐步形成企业核心竞争力。

第三，要充分发挥董事会的作用。做好企业高级管理人员选聘、业绩考核和薪酬管理，是董事会的一项重要职责。发挥董事会的作用，是推动企业建立劳动人事分配长效机制的决定因素之一。2009 年，深圳已在 6 家国有独资公司建立了外部董事占多数的董事会，股份多元化国有企业也形成了比较好的治理结构。国资委作为出资人或股东，推动直管企业面上的“三项制度”改革的阶段性任务初步完成，2009 年往后，可以将这个接力棒交给董事会行使。国资委对董事会提出改革的要求，并通过董事选聘、评价、预算批准、重大事项决定等方式，发挥董事会在推进劳动人事分配改革中的作用。这方面，有的企业也有一定的经验，比如深高速等上市公司的董事会中，有专门的薪酬方面的专业人士，他们在推动企业的考核和薪酬市场化方面发挥了重要作用。另外，在推进董事会建设中，可以学习中央企业董事会配置的做法，要求董事会成员中至少有一名具有企业高级管理人员选聘、业绩考核和薪酬管理经验的外部董事。要完善董事会的结构，使董事会不仅有权力，而且更有能力改进企业的劳动人事分配机制。

（三）加快建立市场化的人力资源管理体系

第一，企业领导人员要更新人力资源管理理念。市属国有企业的董事长和总经理，都要成为优秀的企业家，因此要做到两点。首先，要有人力资源战略。一些企业提出的人力资源理念非常好，这些理念一定要落到实处。如何落实？这将考验企业的董事长、总经理是否能根据公司所处的阶段、竞争环境、团队成熟度、人员结构状况，结合业务发展战略，把这些理念融入自身的战略推进和业务发展中，形成具体的、适合行业特点的、有市场竞争力的人力资源开发管理体系。其次，要真正重视人力资源。各企业的董事长、总经理，应该从骨子里真正认识到人的发展是业务发展的前提，人的能力的发展是竞争力形成的前提，组织的发展是企业能够持续增长的前提。

第二，人力资源要与集团管控有机结合。有些企业的总部，看起来像是一个官僚机构，是一个分摊成本的地方，而不是一个创造价值的地方。从优秀的企业来看，总部应该有三大功能，一是做整体战略，二是做人力资源管理，三是对财务资源的控制。通过这三大功能，建立扁平化的职能结构，强化集团管控，推进集团战略的实施。深圳已经在直管企业开展了“三项制度”改革，但离打造战略性总部还有较大的差距，总部在人力资源规划、管理等方面的作用还没有得到充分发挥。2009 年，有的企业总部又以各种名义增加部门和人员，好像总部的人手一直短缺。但我觉得这肯定是集团管控出了问题，集团总部人员素质还不够高。美国通用电气，市值接近 4 000 亿美元，总部才有 200 多人；李嘉诚公司的总部也就 100 人左右；世界第二大啤酒集团 SABMiller（英国南非米勒酿酒公司）每年有几十亿美元的盈利，总部比住家户大一点，只有 40 多人，却指挥全球 60 多家公司，也没有出现问题。因此，各企业要研究加强集团管控，明确总部的定位，强调战略协同。要提升总部人员的素质，使部门负责人都能成为职业经理人。通过加强集团管控，对下属公司的管理自然就理顺了。由总部统一集团内的人力资源管理，企业的人力资源管理水平将会上一个新台阶。

要从发展和战略高度，重视企业人力资源的整合。这几年，市国资委直管企业加快了对外投资的步伐，有的开展了重大并购和整合。如水务集团、巴士集团，对特区外的水资源和公交资源进行了整合；深圳科技工业园（集团）有限公司（以下简称科技园集团）、深圳市农科集团有限公司、深圳市沙河实业（集团）有限公司三家企业，划给深业集团管理；能源、水务、燃气、农产品及几家房地产企业，在外地也有许多投资项目。这些大企业，既要重视资产的整合，更要重视人力资源的整合。中国的企业为什么海外并购很少成功——包括上海汽车并购韩国的双龙汽车等——失败就失败在人力资源的整合和文化的整合上。我希望，深圳的大企业、大集团，要以重大资产整合为契机，以加强集团管控为核心，重视人力资源，统筹好人力资源的规划、管理与提升，不仅要将企业做大，更要做强。

第三，要大力加强人力资源文化建设。企业文化作为企业生存与发展必需的管理方式，已经在理论界和企业界达成共识。优秀的企业，是靠优秀的文化吸引人才、留住人才、发展人才。首先，企业文化要尊重人。要把马斯洛需求层次理论运用到企业管理中来，形成独特的企业文化。IBM（国际商业机器公司）有三条原则，这三条原则对公司成功贡献的力量，被认为比任何技术革新、市场销售技巧或庞大财力贡献的力量都大。其中第一条原则就是“要尊重个人”。尊重个人，也是全球第一零售企业沃尔玛最有特色的企业文化。这条原则也被万科公司等大部分企业奉为至宝。另外，企业也要形成尊重人的文化环境。华润集团的企业文化是“简单、坦诚、阳光”；万科公司的企业文化是“简单、规范、透明”。这种企业文化氛围，有利于人的才智发挥和个性的张扬，为企业发展提供了用之不竭的原动力。与这些优秀的企业相比，深圳有些市属国有企业，仍存在着比较浓厚的官场文化、关系文化、灰色文化，在员工招聘上存在着一定的任人唯亲，在岗位安排上通行潜规则，在分配上难以做到公平、公正等。这些问题说到底就是没有尊重人才，限制了人才的发展。深圳深化“三项制度”改革，要与企业文化建设紧密结合起来，树立人才是第一资本的观念。营造尊重员工的个性，尊重员工的个人意愿，鼓励各种形式的沟通，提倡信息共享，避免暗箱操作，避免任何形式的官僚主义和潜规则等。建立公平、透明、健康的企业文化，才能使“三项制度”改革取得更好的效果。

四、解放思想，加快和市场接轨的步伐

国有企业要真正做强做大，除了加快企业内部劳动人事分配制度改革以外，还要进一步解放思想，能够像新加坡的企业一样，真正在市场中不断增强竞争力，把国有企业进一步做强做大。2008 年开始的世界经济危机，为国有企业带来了很大的困难，但是也提出了很高的要求。一个企业没有一套机制保证，再大的企业也会垮掉。2009 年，国务院批准了深圳市综合配套改革方案，要求深圳先行先试。就国有企业改革来说，就是要有敢闯敢试的精神，为全国的国有企业改革提供新鲜经验和借鉴。2009 年往后的几年，深圳要认真借鉴“三项制度”改革中好的经验，把国有企业的机制进一步搞活，进一步和市场接轨，为国有企业进一步做强做大打下坚实基础。

2009 年往后的几年的攻关，主要体现在企业体制上。除了要加强管理和经营外，我想至少有三个方面需要攻关。

第一个方面是公司的治理，也就是我们讲的法人治理结构。国有企业怎么能够把决策、执行和监督这套公司的治理结构法制化、规范化，做到决策科学、执行有效、监督到位。深圳 2009 年在搞独资企业的董事会建设，各个方面的改革工作也正在推进。搞好公司法人治理结构改革，是关系到国有企业能不能长远发展的一个最重要的问题。

第二个方面我认为应该是职业经理人的建设问题，就是国有企业的领导人怎么能够逐步向职业经理人转变，使国有企业能够吸收全社会优秀的职业经理来经营管理好国有企业，也就是我们平常讲的干部管理体制的改革问题。这个问题很复杂，但也很重要。当然，现在的国有企业领导人已经不是传统意义上的国有企业领导人，更不是行政干部，而是在向职业经理人转化。但是深圳还应当继续加大国有企业干部管理体制改革力度，使国有企业能够产生一批像王石、马明哲这样的职业经理人。要能够形成一种机制，除了队伍本身能够产生一批职业经理人以外，还能够把社会上的职业经理人充实到国有企业的经理队伍中来，促进国有企业长远发展。这就涉及怎么选人，包括用什么办法来选人的问题。这项工作，还要和市委组织部进一步研究。总经理的聘（选）任将来要交给董事会，让董事会在市场上聘任。所有这一切，都要解放思想。这也不违背党管干部的原则。

第三个方面是国资委本身的改革，也就是我们经常讲的淡马锡模式。具体怎么做还可以研究和探索。当然，国有企业改革，可能还要攻很多关。

总之，深圳要进一步高举解放思想的旗帜，总结“三项制度”改革以往成功的经验，把这项改革有序地深入下去，真正为国有企业发展构建一个长效的体制和机制基础。我也相信，国资系统的领导和员工，有这种能力，也有这种觉悟，能够在国有企业改革的理论探索和实践方面，解放思想，大胆尝试，为全国提供更好的经验。

深圳为国企选人用人做了什么[①]

改革是企业发展的根本动力。未来实现国有企业发展模式的转变，落实发展倍增目标，最根本的是靠不断深化改革提供体制保障。因此，2010 年开始，国有企业改革既要继续深化和完善已经出台的各项改革及措施，尤其是继续深化企业内部“三项制度”改革，使国有企业内部机制全面与市场经济接轨，更要针对制约国有企业发展的最主要的体制机制因素，实现改革上的突破。

一、全面启动企业长效激励机制改革

（一）探索企业长效激励机制改革，为国企发展提供长期动力

21 世纪初，深圳市属国有企业对主要经营者实行了规范的年薪制管理，企业内部也进行了薪酬制度规范和改革，企业中层管理人员及基层员工的薪酬基本上与市场水平接轨。但由于受各方面条件的限制，除了个别上市公司在股权分置改革中进

① 这是作者（时任深圳市副市长）2010 年 3 月 4 日在深圳市全市国资国企工作会议上的讲话节选。

行了长效激励机制的试点外，市属国有企业基本上没有实施企业管理团队的长效激励机制的改革。企业家和高层管理人员是企业发展重要的生产要素。这部分人的长效动力机制问题得不到解决，要调动经营者长期的积极性和创造力并保持国有企业长期持续地发展是很难做到的。企业内部的分配作为国民收入的初次分配，必须坚持效率优先，不能搞平均主义、吃大锅饭。在这一点上，大家务必解放思想，统一认识，坚持马克思历史唯物主义的基本原理。

建立企业长效激励机制的改革，要大胆探索，迈开步伐，范围要广，力度要大，动力要足，动作要快。除了像地铁、巴士、水务、机场等这些承担公共服务或特许经营的企业集团暂不实施长效激励机制外，在其他竞争性领域中，市属国有控股的上市公司和法人治理结构比较健全、管理比较规范的国有企业，包括国资局直管企业和投控、深业等大型集团公司的下属企业，原则上都可以结合自身实际，参照行业惯例和一些成功企业的案例，尽快启动长效激励机制的改革。对高层管理团队能给股份的给股份，能给期权的给期权，能给分红权的给分红权，能实行增量奖股的实行增量奖励股份，能给限制性股票的给限制性股票，等等。要针对不同行业的特点，吸取国内外好的经验，不拘一格，采用多种方式进行企业长效激励机制改革。要认真研究国务院国资委有关国有企业建立长效激励机制方面的相关规定，以改革创新的精神，研究制定符合深圳市国有企业改革发展实际的政策规定，并积极争取国务院国资委的指导和支持。力争既为深圳国企发展提供长期的动力，也为全国国有企业改革创造经验。

（二）把握好企业长效激励机制改革的四个原则

建立企业的长效激励机制的改革，涉及的问题比较多。为了尽可能少走弯路，少出偏差，国资局在推进这项改革中，要把握好四个原则。一是统一领导，不能失控。企业不能各自为政，改革立项要经过产权单位批准，改革方案要经过产权单位审定。二是规范操作。企业可以聘请专业的中介组织进行系统设计，并经过法律专家进行严格把关。上市公司还要按照有关部门的要求，履行相关程序。三是与经营业绩挂钩。制定严格的考核指标，指标的设计要科学合理，宽严适度，不能把长效机制变成变相的福利制度。四是激励效果与经营风险对称。旱涝保收、没有经营风险的长效机制方案，产权部门一律不能批准。在推动这项改革的程序上，大型企业集团下属企业的方案，原则上由集团董事会审定，报国资局核准。国资局直管企业的大型企业集团的方案，要国资局审核后报市政府批准。

未列入长效激励机制改革的少数公共服务和基础设施企业管理团队的激励机制，主要是完善年薪制。可根据经营业绩、管理水平，适当提高绩效年薪和奖励年薪，以调动这些企业管理团队的积极性。待条件成熟后，再逐步建立长效激励机制。

在实行经营管理团队长效激励机制改革的同时，对企业内部少数创新人才、特殊人才，在薪酬方面也要按市场标准，与市场接轨，实行一流人才、一流业绩、一流报酬。个别特殊人才的薪酬水平，可以高于董事长、总经理，以便更好地营造吸引人才、留住人才和发挥人才作用的良好环境。

二、深化企业选人用人体制改革

（一）选人用人制度改革还需要深化和突破

21 世纪初，国资局（时称）在选人用人制度改革方面进行了一系列的探索，包括加强领导班子建设，完善法人治理结构，独资公司董事会试点，公开招聘高层管理人员，等等，取得了较好的效果。在社会上跑官要官、买官卖官现象较为突出的大环境下，营造了一个市属国企相对规范的选人用人的小气候，也为深圳进一步深化企业领导人员管理体制改革奠定了基础，创造了条件。但是，选人用人是完善法人治理的核心内容，也是国有企业改革中受社会各方面影响最大、难度最大的一项改革。目前按照深化改革，实现国有企业倍增发展目标的要求，市属国有企业在选人用人上，还要在三个主要方面继续深化改革，大胆创新。一是企业领导人员的管理，要加快与公司治理规律和市场竞争规律的需要接轨；二是要加快建立选拔培养职业化经理人队伍的制度；三是要加快形成市场化选拔、考核、激励、约束企业高层管理人员的竞争机制。2010年，深圳现有的企业高层管理人员年龄偏大，选人用人的视野偏窄，考察方式不适应建立职业经理人的需要，年轻有为、适应市场竞争的高层管理人员不足，市场上优秀的职业经理人引不进来，社会上选人用人的不正之风不可避免地反映到市属国有企业内部，等等。如不下决心改革企业领导人选人用人与市场经济接轨的问题，企业内部“三项制度”改革的成果难以巩固，企业的法人治理结构改革的效果也会大打折扣。因此，深圳要下大力气，像过去几年抓企业内部“三项制度”改革一样，花几年时间，力争在企业高层管理人员选人用人体制上实现大的突破，为实现5年发展倍增计划，保持国有企业持续发展，提供高层管理人才保障。

（二）选人用人制度改革的主要内容

深化选人用人制度的改革，大体上可以用10个字、5个方面的内容来概括，即“开放、放权、市场、竞争、淘汰”。

所谓“开放”，就是选人视野要开放。不仅要着眼于现有国企内部人员，更要充分利用经理市场的资源，打破地域、所有制、行业、身份、级别等限制，唯才是举，唯才是用，以更加开放的视野，在更广阔的范围内选人用人。

所谓“放权”，就是国资局要转变思路，建立和完善与企业法人治理结构相适应、与市场经济接轨的企业领导人员管理体制。对进行董事会试点的独资企业、中外合资企业和产权多元化运作规范的企业经营班子中的副职，国资局可以下放到董事会管理，由董事会聘用。个别条件成熟的企业，也可以择机试行总经理由董事会聘任。国资局对企业领导班子的管理，转变为对董事的管理，从原来对经营班子副职的提名、考核、推荐，转变为指导、监督董事会选择经营班子的副职。为此，要修改完善深圳国资委制定的《企业领导人员选拔任用工作暂行规定》，制定出台《董事会选聘高级管理人员指导意见》，从制度上解决放权问题。

所谓“市场”，就是对企业总经理、副总以及可以面向社会聘任的其他高层岗位，包括个别企业的董事长，加快与市场接轨，广泛引进竞争机制。根据不同情况，采取猎头公司寻聘、公开招聘或内部竞争等形式，把国有企业系统内以及市场上的优秀管理人才吸引到国有企业领导班子中。对市场聘任的高级管理人员，要身份市场化、薪酬市场化、管理市场化，建立一套与市场接轨的高级经理人才管理办法。

所谓“竞争”，就是对不适合或目前条件不具备向社会公开聘任的国企的董事长、党委书记、监事会主席的选拔，都要创造条件采取企业内部或国企系统内部竞聘的方式，提高选拔任用的公开性、公平性、科学性。国资局要采取差额考察、差额推荐、差额表决的方式，逐步树立竞争意识，建立良好的竞争机制。

所谓“淘汰”，就是打破领导人员“能上不能下”的局面，建立国有企业领导人正常的退出机制。可研究对不同人员采取不同的退出机制，探索建立退出人员的保障机制。对市场聘任的领导人员，经考核测评，不能胜任的岗位，随时解聘，不再另行安排工作；对内部产生的领导人员，经考核不胜任的可降级使用，不再另择企业同级安排，也不再安排担任其他企业照顾性的职务；对年龄接近退休，换届时不能再担任董事长、总经理的领导人，或由于其他原因不适合担任企业董事长、总经理的，可考虑给予一定的经济保障金、停职留薪等办法，不再安排其他职务，逐步建立一套企业领导人退出保障机制。

（三）选人用人制度改革的配套措施

为了切实有效地推进选人用人这一重大改革，国资局要大胆实践，研究出台配套的有关文件和措施。

第一，要总结 21 世纪初改革的经验，研究制定《国有企业领导人选人用人改革的若干意见》，以便有计划、有步骤地指导和推进这项改革。务必真改真抓，力争实效，防止形式主义，走过场。

第二，要大胆改革企业领导人员的推荐考察方式，提高推荐、考察的专业化和科学化水平。2010 年的基本上参照党委组织部门采用对党政领导干部的推荐、考察方式方法和程序，显然已经不能适应国有企业选人用人市场化的要求。可以考虑借鉴新加坡淡马锡的经验，成立两个层次的提名评价委员会。第一个层次是国资局成立的由有关部门和行业专家、知名企业家组成的提名和评价委员会，对国资局拟聘任主要领导岗位进行广泛提名和评价，具体的提名筛选过程和考查评价过程可聘请信誉好的中介组织担任，最后由国资局差额决定任用人员。这样既可以拓宽选人视野，科学评价人才，又可以使国资局从具体事务中摆脱出来。第二个层次是发挥好企业董事会的提名委员会的作用，帮助企业董事会推荐并评价经理人员。

第三，为有效推进这项改革，市国资局要全面系统地调查分析国企领导人员队伍的现状，总结 2006—2010 年改革的经验，围绕“十二五”倍增计划，提出企业领导人保障规划和目标。同时，为了发挥企业董事会的核心作用，理顺董事会与经营班子的职责，可考虑在国资局的指导和协调下，各个企业董事会，在 2010 年内按照科学的办法对现有在任国有企业经营班子统一进行一次整体客观评价，供国资局和董事会对每位领导人的知识结构、专业能力、性格特征以及多年来的履职情况和综合表现，进行判断参考。根据以上综合评价结果，国资局和董事会按照干部管理权限，对优秀的提拔使用，称职的继续使用，不太称职的做出适当调整安排，个别不及格的免去领导职务。要继续加强企业反腐倡廉建设，认真贯彻执行好《国有企业领导人廉洁从业若干规定》。

三、加快出资人履职方式改革

能否继续保持深圳在全国国资国企改革中的先锋地位，在很大程度上取决于国资局的出资人履职方式的调整和改革。国资局要在2006—2010年改革创新的基础上，加强自身的改革。2010年及以后国资局要按照“有限、有效、有为”的要求，在工作重点方面，从过去侧重于管理、监督企业运作，向开展重大资本运作和重要资产重组转变。在对企业的监管方面，从以行政手段为主的直接监管方式，向以适应资本市场要求的间接的宏观监管模式转变。在管人方面，从直接管理企业领导班子，向管理董事和董事会转变。着力打造一支适应市场竞争的职业经理人队伍。这些改革和转型，能使国资局真正做一个责任、权利、义务相统一，管人、管事、管资产相结合，所有权与经营权相分离，不错位、不缺位，适应市场经济要求的合格的出资人。要向新加坡淡马锡学习，力争做一个更开明的出资人，更加信任和依靠企业董事会，放手让董事会、企业家去经营管理企业；做一个更有效的出资人，摒弃政府机关官僚主义作风，更好地为企业的改革和发展服务；做一个更有为的出资人，在重大资本运作、资产重组等方面要有所突破，敢于在国内外资本市场上抓住机遇，施展身手；做一个更专业的出资人，进一步优化国资局内部履职机构的设置，要集聚一批高素质，懂得企业经营、市场规律和资本运作的人才队伍；做一个更具创新精神的出资人，永远保持敢闯敢试的特区精神，与时俱进，勇于开拓，不断进取，永不自满，永不止步；为深圳国有经济的发展、为深圳现代化城市的建设、为中国国有企业的改革，做出更大的贡献。

理性看待民营企业和民营企业家[1]

2010年，我从市政府转到市委工作后的几个月，抽时间调研了近50家总商会会长企业和其他一些民营企业，对民营企业的发展和民营企业家的成长有了进一步的认识，接下来谈谈我对民营企业的发展和民营企业家的成长的一些认识和思考。

一、民营企业为深圳做出了重要贡献

2010年是深圳经济特区成立30周年。深圳特区奇迹的产生，首先归功于邓小平同志改革开放和建立经济特区的英明决策，归功于中央、省委的正确领导，归功于在市委市政府领导下全市人民30年的努力拼搏奋斗。但从经济运行的主体来讲，通过2010年这几个月的深入调查研究，我感觉到深圳30年创造的辉煌，在很大程度上也归功于深圳民营企业的发展和民营企业家的贡献。从某种程度上讲，没有民营经济的发展和支撑，没有民营企业家的创业和贡献，深圳就不会有今天的奇迹和辉煌。

① 这是作者（时任中共深圳市委常委、统战部部长）2010年10月28日在深圳市总商会六届二次理事会议上的讲话节选。

（一）民营经济已经成为深圳经济增长的主体，民营经济是深圳经济中最有活力、最有创造力、最有竞争力的组成部分

经过30年的发展，深圳从一个边陲小镇发展成有上千万人的大城市，2010年经济实力和竞争力分别居全国大中城市第三位和第四位。在深圳的所有制结构中，民营企业的数量占全市企业的80%，达到25.7万家，民营经济的增加值超过了国有企业和“三资”企业，成为深圳经济增长中的主体。有关部门统计，民营经济、民营企业创造了深圳80%的就业和52%的企业税收；在深圳拥有“中国驰名商标”和“中国名牌产品”的企业中，民营企业分别占68%和63%。深圳高新技术产业的产值中，民营企业占60%以上；深圳企业90%的研发力量和90%的科研成果，90%的研发资金以及90%发明的专利来源于民营企业。深圳在境内外上市的民营企业达120多家。在激烈的市场竞争中，深圳民营企业凭借自身的生产力、创造力和竞争力，涌现出一批像华为、比亚迪、研祥等在全国、全球知名的民营企业和一大批在国内同行业的领军企业。

深圳是个创新的城市，谁是创新的主体？是民营经济。深圳是个有活力的城市，最有活力的主体是谁？是民营经济。深圳也是个高科技城市、物流枢纽、文化创意城市。实际上，深圳的高科技、物流、文化等产业的主体大都是民营经济。

（二）民营经济30年来始终是推动深圳改革开放的重要力量，为中国的改革开放和社会主义市场经济体制的建立做出了重要贡献

首先，民营经济既是深圳特区改革开放的产物，也是推动深圳经济、政治、文化、社会等各项改革和发展的重要力量。

在推动经济体制改革方面，正因为有了民营经济的迅速发展，深圳才逐步形成了多种所有制相互补充、平等竞争、共同发展的经济格局，成为国内经济最具活力的城市；正是由于民营经济的产生和发展，形成了各种所有制经济的竞争局面，形成了市场竞争机制，才推动了生产力的发展，为深圳市场经济制度的建立打下了坚实的基础；正是有了民营经济发展，企业作为市场竞争中的主体地位才逐步形成，从而推动深圳政企分开，加快了政府职能的转变，从而成为政府改革的重要推动力；正是因为民营企业的发展和繁荣，才产生了深圳几百家上市公司，产生了大量的融资、资本重组、资本运作等金融服务活动，从而促进了深圳金融市场、证券市场、资本市场的发展和繁荣，使深圳成为中国区域性的金融中心。

在推动政治文明建设方面，民营经济的发展为深圳探索和发展政治文明建设做出了很大的贡献。比如，2010年在民营企业工作的共产党员有将近10万人，占全市共产党员的1/3。在民营企业工作的共产党员，有的是企业家，有的是一线员工，有的是处于管理岗位的中高级职员，他们在不同岗位上为企业

和社会的发展贡献自己的力量。民营企业基本上都建立了基层党组织。在市委的领导下，深圳两新工委在民营企业基层党组织的建设、扩大党的执政基础、发挥民营企业基层党员的先锋模范作用等方面，进行了有益的探索，为探索全党在市场经济条件下基层党组织的建设提供了经验。又如，2010 年民营企业家在市政协、市人大中担任委员、常委的有 150 多位，担任全国政协委员、全国人大代表的有几十位。他们在政协、人大积极参政议政，为深圳的政治文明做出了很大的贡献。

此外，大多数民营企业在为社会创造财富，把企业经营好的同时，不忘履行企业的社会责任，不忘回馈社会、回报人民，在历次市里组织的帮贫扶困、救灾赈灾活动中，慷慨资助。他们热心公益事业，深圳 50% 的社会捐款来自民营企业，体现了民营企业家的社会责任。据我所知，深圳民营企业中历年捐赠款项上千万元的很多，上亿元的也不少，有的被省和国家评为"慈善家"，在社会上赢得了很好的声誉。

随着民营企业的成长和发展，深圳涌现出一大批优秀的民营企业家。深圳经济特区 30 周年 30 位代表人物中，有 8 位是民营企业家，像任正非、王传福、马化腾、陈志列、梁光伟、高云峰、缪寿良等一批全国甚至全球知名的民营企业家，他们是深圳开拓创新精神的杰出代表，不仅是深圳民营企业家的骄傲，更是深圳人民的骄傲。在深圳经济特区成立 30 周年庆祝大会上，王传福、马化腾代表民营企业家发言。这从一个侧面表明深圳民营经济、民营企业家对深圳特区30年的发展做出了重大贡献，得到了党和政府以及全市人民的充分肯定与高度评价。

其次，深圳民营经济的快速发展，得益于改革开放的时代、经济特区的优惠政策和深圳市场经济健全的大环境等外部因素，更重要的是靠民营企业内部的发展动力和机制优势。

深圳的民营经济为什么发展这么快呢？深圳民营经济的活力和竞争力为什么这么强呢？这是我2010年边调研民营企业边思考的一个问题。坦率地说，我对国有企业的情况是比较熟悉的。20世纪70年代，我就学习计划经济下国有企业的管理。从20世纪90年代初开始，我就在市、省体改委主任的工作岗位上参与国有企业的改革。尤其是从2003年3月到2010年6月，我在深圳市政府分管了7年多国企，组织和推动了深圳市属国有企业的改革、调整和发展，使深圳市属国有企业的质量和效益处于全国领先地位，我对市属国有企业有着特殊的感情。但是实事求是地讲，与国有企业相比，民营企业的竞争力、活力、效率、发展态势和效益等都更有优势。究其原因，我认为深圳民营经济除了得益于改革开放的时代、经济特区的优惠政策和深圳市场经济健全的大环境等外部因素，更重要的是靠民营企业内部的发展动力和机制。具体有以下几点。

第一，民营企业产权清晰，权益明确，企业家具有追求创造财富和资本增值的巨大动力源泉。相较于国有企业，虽然十多年来也在探索经营管理团队建立长效激励机制，但无论是激励的方式还是激励的力度，都无法与民营企业家相比。

第二，深圳的民营企业家绝大多数来自社会的基层，经历了创业过程中的艰辛和曲折。他们扎根基层，比较适应社会的变迁，具有敢于拼搏、吃苦耐劳、不折不挠的精神风貌。

第三，深圳的民营企业是在特区市场经济发育过程中逐步发展起来的，天然具有与市场全面接轨的、灵活的内部经营机制。而国有企业虽然也进行了劳动、用工、分配等“三项制度”改革，内部经营机制有了很大变化，但由于种种原因，内部机制仍然不能适应市场竞争的需要。

第四，深圳的民营企业由于决策主体单一、决策程序简化，在变化迅速、竞争激烈的市场经济中，具有善于敏锐捕捉商机，决策快、效率高的经营决策优势。而国有企业由于管理层次多，委托代理关系复杂，决策程序慢，经营决策风险的承受力低，往往决策效率低，丧失了很多良好商机，在与民营经济的竞争中处于劣势地位。

第五，深圳的民营企业家在市场竞争的大潮中，历经了长期的磨炼，经受过企业发展过程中的各种风险，具有敢冒风险、敢想敢干的勇气和魄力。同时，不少民营企业家青年时就开始在基层创业拼搏，实践经验丰富，具有优秀的管理智慧、才干和能力。

再次，坎坷和困难为深圳打造了一大批国内外知名的优秀民营企业和优秀民营企业家。

正是因为有了这样的大环境和政策，加上民营企业和企业家自身在动力与机制上具有上述优势，深圳才涌现出这样一大批国内外知名的优秀民营企业和优秀民营企业家。最近我在走访将近50家民营企业过程中，了解了这些企业创业的历史和经营的现状，深受感动和鼓舞。虽然每个企业的发展过程不同，每位企业家的创业经历不同，但每家企业都有一部企业家艰苦创业、奋力拼搏、勇于开拓的历史，每位企业家都可以写出一部极为动人的传记。他们当中，有的是来自最基层的打工者，有的是科技人员下海创办科技企业，有的是国企普通的营销人员、管理人员或机关工作人员下海创业，也有的是改制后原国企领导人带领员工将旧体制下缺乏竞争力的国有企业，经过改革创新，打造为有相当实力的民营企业，等等。他们都经过千辛万苦，克服了无数难以想象的困难，才创造了优秀的民营企业，谱写了个人辉煌的篇章。

我在调研的时候，曾了解一个深圳知名的地产企业家的创业历史。这位企业家20世纪80年代在深圳的建筑工地上打临时工。为了生存，他和弟弟为了10元的收入，花一夜时间用肩背卸下一卡车水泥。有一个偶然的机会，他接到了一个30 000元的小装修工程，经历半年千辛万苦赚了8 000元钱，开始了工程承包的创业历程。在20世纪90年代中期，深圳房地产业还处于萌芽时期，他利用装修工程创业的第一桶金，与特区股份合作公司合作，开发了第一个楼盘，为了推销商品房，自己骑着摩托车把客户拉到楼盘促销。其创业的艰难历程真是感动人心。

社会上一些人，包括我自己，过去也对深圳民营房地产企业发展过程不太了解，认为深圳的民营房地产企业大多是通过不正当手段拿到便宜土地而发财致富的。但从 2010 年我调研的几家深圳比较有实力的民营房地产企业发展的历程来看，情况并非如此。我调研的几位民营房地产企业家，他们多数是 20 世纪 80 年代从事建筑施工，即通常所说的“包工头”出身，在“包工头”创业生涯中，处于社会的基层，靠着自己的打拼，开始创业，获得第一桶金，有了一定的管理企业的经验。20 世纪 90 年代，他们开始进入房地产行业，进行小规模的投资，积累了房地产行业的经验，并具备了一定的实力。在 20 世纪末、21 世纪初亚洲金融危机前后，房地产行业发展处于低潮，他们凭着对房地产业的敏锐判断，自己承担风险，开始与特区内外股份合作公司合作，进入房地产行业，一方出土地，一方出资金并建设开发。这样既保证了股份合作公司的合法权益，改善了原村民的住房条件，又使这些民营企业得到了价格较低、程序较简化的土地。经过几年的房地产开发建设，具有了相当规模的开发能力，建成了相当规模的商品房或商业地产。2006 年前后，正值深圳及全国房地产价格迅速飞涨，这些民营房地产企业的资产、利润迅速扩张，实力大大增强，不少企业进入全市、全国房地产行业的前列。相比之下，在亚洲金融危机时期，相当数量的市属国有房地产企业经营困难，债务沉重，有的连工资都发不出来，只能抱着金饭碗，靠着卖地来发工资，还银行贷款。甚至个别国有企业靠卖地来虚报利润，从而艰难地渡过了2008年的金融危机。由此可见，民营房地产企业的竞争优势是何等明显。

最后，理性与公平地看待民营企业和民营企业家在发展和成长中出现的某些问题。

民营企业的发展、民营企业家的成长，历经了千辛万苦，当然，在改革开放的大潮中，由于各种原因，深圳也有个别民营企业家出了问题，也出现了个别官商勾结、触犯法律的民营企业和民营企业家。

二、民营企业的发展环境还有待改善

（一）民营企业发展条件和成长环境还不够好

总的说来，民营经济的贡献是被党和政府以及社会各界认同的，民营企业家在社会上是受到尊重的。但是，不可否认，改革开放取得了伟大的成就，但同时各种社会矛盾也凸显出来。2010年前后，社会上对腐败严重、贫富差距过大强烈不满；仇富心理和对民营企业的偏见还较为突出；民营经济和民营企业的成长环境还有待改善；国家对民营经济培育和支持政策落实得还不够。主要表现在以下几个方面。

第一，对民营企业家还不够信任。改革开放前，有关部门在政治上把工商业者当作社会主义改造的对象。改革开放后，随着民营经济的发展，有关部门在政治上调整为把民营企业家当作团结的对象。近些年来，随着民营经济的蓬勃发展，在国民经济中的地位越来越重要，有关部门又提出了对民营企业家进行“团结、服务、引导、教育”的方针。虽然民营企业家在政治上的地位逐步提高，但总的来说，我认为还需要进一步解放思想，真正按照“三个代表”思想的要求与时俱进。我认为对民营企业家当然要“团结、服务、引导、教育”，但更重要的是政治上信任、依靠。民营企业家中的优秀分子也应当成为管理国家、管理社会的一个重要组成部分。

第二，在社会道德方面，社会上有些人总认为民营企业都是靠偷税漏税发财的，都是靠官商勾结致富的，这种看法也是非常片面的。虽然不排除个别民营企业在发展过程中不同程度存在这些问题，但不能代表民营企业的整体情况。尤其是深圳绝大多数民营企业都是靠自己艰苦创业，在市场经济的激烈竞争中靠自己的能力、本领和竞争力发展起来的。靠违法发财和靠官商勾结致富的是极少数。

第三，在经济政策方面，客观上对民营企业还存在一定的歧视，对所谓国计民生的产业、基础建设、资源开采战略性产业等交给民企就不放心，总认为只有国有企业垄断经营才是可靠的。虽然国务院多次发布扶持民营经济发展的政策文件，但多年来始终没有得到真正的落实。

第四，在法律方面，对民营企业的合法财产的保护力度不够。民营企业合法权益受到侵害的时候，政府有关部门执法时顾虑重重，不敢理直气壮地维护。不少侵害民营企业合法权益的案件得不到及时有效的解决。

（二）为民营企业的发展创造更有利的环境和条件

针对这种情况，我认为深圳应该解放思想，采取多种措施，为民营企业的发展创造更有利的环境和条件，使民营企业和民营企业家在深圳的改革开放和现代化建设中发挥更大的作用。

在政治上，要进一步解放思想，按照“三个代表”思想的要求，要更加信任和依靠民营企业家。不仅把他们当作团结、引导、教育的对象，也应该当作依靠的对象，使他们成为执政的重要基础。2010 年深圳民营企业中有 10 万名共产党员，民营企业家中也有相当多的共产党员。我们要对在民营企业工作的共产党员更加关心，对民营企业家要在“团结、服务、引导、教育”的基础上，更加信任、依靠他们，使他们成为管理国家、管理社会的重要组成部分。

在经济上，要认真贯彻落实好中央的两个 26 号文件精神，为民营企业提供更大、更好的舞台。要解放思想，打破垄断，打破“玻璃门”“弹簧门”，把民营经济中蕴藏的巨大生产力释放出来。目前仍有人思想僵化、陈旧，总认为重要产业、重要资源开发、城市公共事业基础设施等只能交给国企，似乎这样更能维护国家经济安全，更能保护消费者的利益。实际上未必。企业的经营行为能否保护消费者利益，能否有利于国家经济安全运行，关键在于政府的监管是否到位，而不在于产权的权属和企业所有制性质。倘若政府监管不到位，即使国有企业也不能很好地维护消费者的利益和国家的经济安全。这方面的例子太多了。相反，深圳少数已经进入军工产品、石油资源开发、城市基础设施建设的民营企业，严格遵守国家的有关法律法规，接受有关部门的监管，在维护国家经济安全、保护消费者利益等方面做得都很好，受到了国家有关部门和消费者的欢迎。

在社会上，要营造尊重民营企业家创新精神的良好氛围。要更加宽容民营企业家，更加理解民营企业家，在全社会形成尊重民营企业家的风气，支持民营企业家在管理模式、经营方式等方面开展大胆探索，为民营企业家创造干事创业的好环境。要摒弃封建的“重官轻商”的观念，提高民营企业家的社会地位。

在民营企业的经营上，党和政府的相关部门要转变工作作风，要为民营企业排忧解难，为民营经济提供更好的服务。企业在经营发展中会遇到各种各样的“难”和“忧”，压力很大。党和政府应该尽最大努力提供协助，在其困难之际伸出援助之手，帮助企业渡过难关，顺利发展，不断壮大。据我所知，民营企业一般都会克服经营困难，不会轻易找政府。我调研民营企业时，很多企业都表示没有困难，只要党和政府理解关怀就非常满足了。在民营企业真正困难的时期，政府部门只要稍微支持一下，企业家就会充满感激。况且有些事对政府部门来说不算难事，有些事本来就是政府日常应该做的工作。个别政府部门的工作人员服务意识不到位，对民营企业家“门难进，脸难看，事难办”，工作效率低，甚至“吃、拿、卡、要”，不给好处不办事，这种封建衙门式的工作作风应当坚决整改。

在民营企业家健康发展方面，要保护民营企业家的健康成长。企业家也是在一定的条件下诞生和成长起来的，他们也不是神仙和圣人。在经营发展和人生征途中，由于种种原因，难免有不足的地方，甚至出现一些小问题。对这些问题，政府有关部门要本着热情帮助的态度，及时提醒，尽可能帮助其克服毛病，从而保护民营企业家，维持民营企业的正常发展。即使企业家出了违法违规等大问题，也要尽可能保护企业家的合法权益，维持企业的正常运作。

总之，我希望深圳在未来 30 年里，进一步解放思想，转变观念，进一步提高对民营经济和民营企业家在深圳改革开放和现代化建设中作用的认识。在整个社会形成尊重民营企业家、尊重民营企业的良好环境。进一步挖掘和解放民营经济巨大的生产力，使民营经济在深圳现代化建设中发挥更大的作用。